Lb ^{56} 624

I0136753

LES

INONDATIONS

DE 1856.

LES

INONDATIONS

DE 1856

PAR M. OCTAVE FÉRÉ

ILLUSTRATIONS PAR EDMOND COPPIN.

PRIX : 1 FRANC.

PARIS

H. BOISGARD, LIBRAIRE-ÉDITEUR

13, RUE SUGER, 13

1856

LES INONDATIONS

DE 1856

Par OCTAVE FÉRÉ. — ILLUSTRÉ PAR Ed. COPPIN.

BIBLIOTHÈQUE

La mère ne songe qu'à son enfant ; elle le jette dans les bras de ses sauveurs.

I.

Le fleuve, sa violence, ses effets. — Comment la science en explique les causes.

Un immense cri de douleur s'élève en ce moment du sein de nos plus beaux départements, dévastés par un de ces cataclysmes

1

terribles, qui dépassent en soudaineté et en effroi les fléaux qui visitent parfois l'humanité. Ni la guerre, avec ses hécatombes sanglantes, ni la peste et son lugubre glas, ni la famine elle-même avec ses traits hâves et son œil désespéré, ne procèdent ainsi de l'éclair et de la foudre.

On les pressent, on les voit venir, on a la consolation, du moins, de les pouvoir combattre et de ne pas périr sans résistance. L'inondation, au contraire, ne s'annonce par aucun symptôme. Vous la croyez loin, vous travaillez à votre champ, vous élevez votre maison, vous vous abandonnez à votre labeur, ou vous vous reposez de la tâche accomplie. — Le flot arrive d'un bond, comme un de ces engins formidables qui naguère ébranlaient les murailles des plus vaillantes citadelles; les maisons ont disparu, il a laissé à la place des marécages méphitiques ; les murs écroulés offrent l'aspect du chaos; votre tâche commencée ne s'achèvera pas, et les draps où vous dormez sont devenus votre linceul.

Misère de nous ! Nous dressons des palais, nous dépensons un milliard à élever autour d'une capitale des fortifications que la sagesse et la valeur de la nation rendent toujours inutiles, et nous ne savons pas seulement endiguer nos fleuves et nos rivières!

Que la faute de la veille soit la sagesse du lendemain ! dit un proverbe arabe, invoqué en ces jours de désastres par un éminent publiciste ; que la leçon nous profite, à tous, car c'est ici un fléau qui rejaillit sur le pays tout entier : nous sommes solidaires, du plus haut au plus infime, de ces malheurs qui affligent nos concitoyens ! nous devons notre part à leur allégeance, et l'égoïsme ni l'insouciance ne sont pas de saison.

Mais ce ne sont pas des raisonnements ni des avis que nous avons entrepris d'exprimer. Il est telle occurrence où les faits parlent plus haut que les paroles les plus pressantes. Celle-ci est du nombre, et l'enseignement, ainsi que la moralité, ne ressort que trop des événements.

Hélas ! ils ne rendent aussi que trop facile notre tâche, et nous n'avons qu'à emprunter à nos confrères des départements les épisodes navrants dont leurs journaux ont été remplis pendant deux semaines, pour composer l'histoire la plus exacte et la plus complète de ces jours d'affliction. Nous n'avons rien à inventer, mais seulement à mettre un peu d'ordre dans ces épisodes trop réels.

Nous avons à dire les malheurs, mais aussi les actes de dévoûment, car, dans notre généreuse France, c'est toujours là ce qui console au milieu du plus grand deuil : la bienfaisance et l'héroïsme sont à la hauteur de toutes les afflictions.

Un seul mot encore sur l'explication que la science a tenté de donner, par l'organe du savant directeur de l'observatoire de Toulouse, M. Petit.

Les pluies et le froid du mois de mai dernier, nous dit-il, n'ont eu d'anormal que l'apparence. Tous les ans, en effet, la terre passe, au mois de mai, derrière une espèce d'immense nuage météorique, formé par un large anneau renfermant des myriades de corpuscules, qui circulent dans l'espace autour du soleil, et qui interceptent, quand ils se trouvent entre cet astre et nous, une portion notable de la chaleur solaire. L'étendue du mouvement de ces corps commence à peine à être ébauchée. On sait déjà pourtant qu'ils ne sont pas également condensés dans tout le contour de cet anneau, et qu'ils tournent autour du soleil un peu plus vite que la terre, de telle sorte que, chaque année, les parties de l'anneau qui se présentent à nous ne sont pas les mêmes. Après une certaine période de temps, on peut donc espérer de voir le mois de mai redevenir à peu près semblable aux mois de mai successifs de la période précédente.

« Ce n'est là, ajoute M. Petit, on doit le reconnaître, qu'un triste
« et surtout qu'un assez stérile présage sur lequel, d'ailleurs, il ne
« faudrait pas compter d'une manière absolue ; mais il est bon de
« marquer en même temps, pour apprécier le côté pratique de ces
« études, qu'un jour viendra sans doute où la durée, les intermit-
« tences, etc., enfin les principales particularités de la période
« du mois de mai, ainsi que de plusieurs autres périodes analogues,
« seront à peu près connues, et où, par conséquent, l'agriculture
« possédera les documents utiles sur les chances de réussite des
« plantes fourragères dans certains groupes d'années; des céréales,
« des légumineuses, etc., dans d'autres groupes. »

Nous livrons cette note à l'appréciation des hommes compétents, sans prétendre la donner comme le dernier mot de la science, et nous passons également, nous réservant d'y revenir en temps et lieu, sur les causes d'un ordre plus spécialement économique, attribuées aux débordements des rivières et des fleuves, telles que le dégazonnement et le déboisement des montagnes. Il nous tarde, encore une fois, d'arriver au travail récapitulatif que le public attend de nous, et que nous commencerons naturellement par les inondations du Rhône et de la Saône, ces deux redoutables et inséparables complices.

I I

LE RHÔNE ET LA SAÔNE.

Commencement des débordements. — La journée du 30 mai. — Nuit du 30 au 31.
— Matinée du 31. — Épisodes. — Rupture des digues. — Invasion des quartiers bas et des rues de Lyon.

La déplorable température qui avait signalé tout le mois de mai,
et qui faisait sentir son influence, sans exception, sur tous les points
de la France, donnait lieu aux plus sombres pressentiments.

On remarquait des phénomènes météorologiques tout à fait anor-
maux. Il y avait eu sur les bords de la Manche, dans la région de la
Normandie, pendant deux ou trois soirées consécutives, des aurores
boréales qui duraient jusqu'à trois heures du matin.

On remarquait encore que, malgré les chaleurs excessives de
quelques jours, l'évaporation du sol et les gros nuages qui apparaissaient, il n'y a pas eu un éclair, pas un coup de tonnerre.

Des orages effroyables éclataient d'une extrémité à l'autre du
territoire. Des trombes de grêle s'abattaient avec fracas sur les villes
et les campagnes, au moment où le retour du soleil semblait as-
suré.

Les nouvelles du Midi annonçaient que de la région sous-pyré-
néenne, jusqu'à la Méditerranée, les tempêtes se succédaient sans
discontinuité.

A Paris, la Seine grossissait par soubresauts et roulait ces flots
bourbeux auxquels on ne saurait se tromper, car l'expérience dé-
montre qu'ils accompagnent le débordement de ses affluents.

Le 30 mai, au matin, on commençait à recevoir dans la capitale
des indices fâcheux de la situation du Rhône. Les autorités locales,
dans la prévision d'une crue, prenaient des mesures actives. On
craignait ce fleuve, mais on redoutait encore davantage le débordement de la Saône. Les riverains se hâtaient de débarrasser leurs magasins et leurs boutiques, et le maréchal Castellane avait mis à leur
disposition des bataillons entiers.

Le Rhône était de 20 centimètres environ plus élevé qu'en 1840
et en 1851. L'eau avait atteint le matin les quais les plus élevés, et

occupait complètement les parties déclives et toutes les rues qui sont à un niveau moyen. On allait en bateau sur la place Bellecour ; la place de la Charité, la rue des Marronniers et la rue Bourbon étaient envahies ; la rue Impériale elle-même n'était pas épargnée.

Sur l'autre rive, la situation était encore plus triste. Dans la nuit, à une heure et demie, la digue du Grand-Camp s'était rompue à la hauteur du nouveau fort, sur une longueur de 150 mètres ; 1,100 hommes de l'armée de Lyon étaient là qui travaillaient sous les ordres de M. Kleitz, ingénieur en chef de la navigation du Rhône.

On avait la confiance de sauver tous les hommes ; mais, hélas ! plusieurs devaient succomber dans leur périlleuse entreprise.

L'eau, affranchie de toute entrave, s'est précipitée sur les Charpennes et la Guillotière. Les Brotteaux étaient encore protégés par le chemin de ronde, mais l'eau ressemblait à une mer courroucée.

Des précautions avaient été prises et plusieurs maisons évacuées, mais on n'avait pas prévu une aussi prompte et aussi terrible irruption. A chaque minute, des maisons s'écroulaient dans les eaux, et un témoin oculaire affirmait en avoir vu tomber au moins douze. Les soldats luttaient de courage et de dévoûment avec les mariniers pour disputer aux flots tout ce qui pouvait leur être disputé.

Des flots de population ne cessaient de se porter sur les lieux où l'eau commençait à envahir les rues et les places ; et l'agitation fébrile de ces groupes nombreux, leur attitude morne et inquiète, témoignaient de la grandeur du danger que chacun pressentait.

Tous les soldats disponibles avaient été dirigés du côté du Grand-Camp, et pendant la soirée et la nuit, ils s'étaient épuisés en efforts inutiles pour maintenir la digue ; vers deux heures, le canon annonçait qu'elle avait cédé, livrant un libre passage aux ondes furieuses du fleuve débordé. On entendait le tambour battre constamment, dans le lointain, sur les points où les manœuvres de secours s'exécutaient, et l'on voyait les torches courir et s'agiter dans l'obscurité.

Le Rhône, une fois affranchi de ses lisières, prit sa course en droite ligne derrière le boulevart de ronde. La Guillotière, les Brotteaux jusqu'à Villeurbanne, la Mouche, ne formèrent bientôt plus qu'un lac immense où l'eau circulait en bouillonnant. On ne voyait que bateaux, omnibus, charrettes, carioles à bras, véhicule de toute sorte, occupés à transporter sur tous les points les malheureux habitants rentra chez eux après avoir fait leurs provisions, ou fuyant leurs habitations menacées ; beaucoup d'entre eux sans asile et sans pain !

Dans la ville, la galerie de l'Hôtel-Dieu, le pourtour de la place Bellecour, une grande partie de la place de la Charité, les rues Saint-Joseph, de la Charité, de Boissat, étaient dans l'eau, et l'on organisait les communications sur tous ces points au moyen de barques ou de passerelles. Sur le quai de la Charité, deux vapeurs tenaient leurs feux constamment allumés pour être prêts à tout événement.

De leur côté, la Saône et le Doubs allaient toujours grossissant et dévastaient les plaines et les villages. La première s'avançait et menaçait de se joindre au Rhône au centre de Lyon. Les eaux de celui-ci, couvrant peu à peu une grande partie de la rue Impériale, s'engageaient avec violence dans les gueulards qui conduisent à la Saône. La rue Centrale était la seule voie de communication qui restât intacte des Terreaux à Bellecour. Des portes anciennes Saint-Clair au pont de l'Hôtel-Dieu, tout était recouvert par l'eau.

Ce n'était rien encore, et la journée suivante, celle du 31 mai, était destinée à rester l'une des dates fatales de l'histoire de Lyon.

A six heures du matin, l'eau envahit une partie du quartier de la Villette, toutes les maisons sont inondées, les locataires se précipitent aux fenêtres, appelant au secours ; mais il n'y a encore aucun moyen de sauvetage organisé. Enfin, une barque est apportée sur une charrette. Trois jeunes soldats, Chevalier, Schelle et Pinchot, les deux premiers appartenant au 7e régiment d'artillerie, le troisième, maréchal-ferrant au 1er chasseurs, la mettent à l'eau ; mais grand est leur embarras, de tous côtés ce sont des cris de désespoir. Qui sauver d'abord ? Les soldats courent au plus pressé : une maison en pisé oscille déjà sur ses fondations, c'est vers elle qu'on dirige la barque ; on l'amarre à une fenêtre, cinq personnes y ont déjà pris place, lorsqu'un sixième en s'y élançant fait chavirer l'embarcation ; tous sont précipités à l'eau, — et le bateau s'en va à la dérive. — Un cri d'horreur est poussé par les assistants. Chevalier reparaît le premier, il se dirige à la nage vers un arbre, et là, se débarrassant de ses vêtements, qui l'entravent dans ses mouvements, plonge dans l'eau, et, secondé par ses deux camarades, arrache une à une toutes les victimes, qui ont pu fort heureusement se cramponner aux branches des saules bordant la route. Ces malheureux sont déposés un peu partout ! celui-ci sur un arbre, un autre sur un pan de mur d'une maison écroulée ; cependant des barques arrivent et recueillent tous ces infortunés.

M. X..., employé supérieur d'une administration, dont la famille habite pendant l'été une maison située aux Charpennes, avait, pendant toute la nuit du 30 au 31 mai, travaillé à la consolidation de la digue, lorsqu'elle se rompit tout à coup. M. X... s'empare d'un bateau et se dirige vers la maison où se trouve toute sa famille, sauve sa mère et ses deux plus jeunes enfants. Mais tandis qu'il les conduit en lieu sûr, l'inondation fait de nouveaux ravages : des maisons se sont écroulées, et pendant deux heures, le malheureux père lutte vainement pour atteindre sa maison, qui renferme encore sa femme et sa fille. Nous renonçons à décrire son angoisse et son désespoir. Les deux femmes sont parvenues à se hisser sur un arbre, elles lui tendent les bras en l'appelant ; mais chaque mouvement imprimé au bateau pour le faire avancer le fait heurter à un mur caché dans l'eau et le repousse en arrière. M. X... amarre son embarcation à un tronc d'arbre, se jette dans les flots et atteint bientôt l'arbre sur lequel se sont réfugiées les deux femmes. Alors se passe une de ces scènes que la plume ne peut rendre : M. X... ne peut sauver qu'une personne, et la mère et la fille veulent chacune céder sa place à l'autre ; les moments sont précieux : l'arbre craque ; quelques minutes encore, et il va se briser. Pendant cette lutte de dévûement héroïque, M. X... aperçoit une barque montée par des pontonniers, pousse des cris désespérés ; il est entendu, et bientôt cette mère et cette fille, si dignes l'une de l'autre, serrent dans leurs bras les parents qu'elles n'espéraient plus revoir !

La digue de la Tête-d'Or s'était rompue, l'eau envahissait sans obstacles les quartiers bas des plaines de l'Est avec une rapidité inouïe, le tocsin sonnait sur plusieurs points, les cris d'alarme se propageaient au loin, mais le fléau courait plus vite sur terre que le son dans les airs. Bien des gens, pendant leur sommeil, se sauvaient péniblement, à moitié nus et dans l'eau, laissant leurs mobiliers, leurs effets les plus indispensables. Beaucoup d'autres attendirent le jour dans une inexprimable anxiété, et leur sauvetage n'a pu être opéré que dans la matinée du lendemain avec les plus grandes difficultés.

Pendant ce temps-là, le bruit sinistre des maisons qui croulaient ne cessait de retentir à des intervalles que l'effroi faisait trouver courts.

Pendant que des efforts surhumains se poursuivaient au nord des Brotteaux pour préserver ou maintenir la solidité du chemin de ronde, il était brusquement emporté vers l'est au lieu dit la Petite-Californie, derrière le Pré-aux-Clercs. L'eau s'est précipitée furieuse par une brèche de vingt à trente mètres. Dans la rue Masséna, qui

n'est pas remblayée, c'était une large cataracte qui bondissait en mugissant. L'alarme s'est de nouveau répandue avec une rapidité que
semblait suivre l'élément destructeur, et ceux qui croyaient avoir
échappé au danger, après la rupture de la digne, ont dû chercher
en toute hâte leur salut dans la fuite. Les pontonniers, les mariniers se sont multipliés en cette circonstance et ont rendu des services sans nombre et inappréciables.

Les Petites-Sœurs des pauvres, avec tout leur personnel de vieillards des deux sexes, ont été apportées à deux heures, sur des fourgons, à l'Hôtel-Dieu. Depuis le déjeuner de vendredi, tous n'avaient
rien mangé !

Les directeurs de la maison du Saint-Enfant-Jésus ont emporté
leurs enfants sur le dos, un à un. Pour les infirmes, il a fallu faire
des radeaux, y étendre des matelas, les coucher dessus, puis naviguer vers le port. Un des frères est retourné dans l'eau chercher
le Saint-Sacrement et l'a porté dans une maison, sur la place
Louis XVI.

Les capucins se multipliaient pour porter des secours à travers
les chemins et les jardins couverts par les eaux.

Toute la soirée, toute la nuit, le sauvetage et l'émigration ont
continué. A tout instant des bateaux, des omnibus déposaient des
malheureux sur le cours Morand, seul resté libre jusqu'à la place
Kléber. Les uns avaient sauvé quelques meubles et quelques hardes,
les autres fuyaient avec les seuls habits qu'ils eussent sur le corps
et qui étaient entièrement mouillés : on les dirigeait sur l'Hôtel-de-
Ville, sur l'Hôpital, mis en partie à leur disposition ; mais la plupart
ont passé la nuit sur les cours Morand et de Brosses, à côté de quelques effets qu'ils avaient sauvés. Dans ces groupes d'un aspect lamentable, les gémissements, les sanglots éclataient ; des femmes
cherchaient leurs maris, leurs enfants ; ceux-ci appelaient leurs
mères. Tous exprimaient par leurs regards et leur attitude la plus
poignante désolation.

Une femme circulait, serrant sur son sein un enfant au maillot ;
ce n'était pas le sien ! On le lui avait donné à garder et elle cherchait à lui retrouver ses parents qui en avaient été séparés. — Les
vieillards pleuraient comme les enfants. Nuit d'horreur !

Au milieu des habitants en fuite, on rencontrait des bestiaux de
toute sorte, des chevaux, des vaches, des bœufs, des moutons, qui
cherchaient en vain, d'un air morne, leur abri accoutumé, et que
la faim tourmentait.

Dans bien des maisons, il fallait, de jour et de nuit, forcer les ha-

Lyon. — Typographie Lacour, rue Soufflot, 18.

bitants à déguerpir. Les uns par stupeur, les autres par fausse sécurité, refusaient obstinément de partir.

Aux Brotteaux, les maisons s'écroulaient avant qu'on eût pu sauver leurs habitants. Aux Charpennes, un ménage de trois personnes a péri d'une manière touchante. La femme n'osait pas fuir, son enfant poussait des cris; le mari alors n'a pas voulu se séparer des siens, et la maison s'est affaissée sur eux.

Une barque vient de recueillir 25 personnes, une maison s'écroule et la fait chavirer.

Des maisons en pierre paraissaient avoir cédé aux affouillements, et de chétives baraques en briques tenaient encore, là où elles n'avaient pas été exposées aux courants, qui parcouraient la plaine dans tous les sens et avec une extrême violence. Dans la Grand'Rue de la Guillotière, on pouvait croire que tout le fleuve la traversait.

La butte du Polygone, au Grand-Camp avait disparu.

Saint-Bonaventure était envahi.

A Miribel, le chemin de Genève était coupé par le débordement

d'un petit ruisseau, sur un assez long espace, et, chose singulière!
sur les plateaux des hauteurs avoisinant Lyon, l'eau ne pénétrait
plus dans la terre saturée, et les inondait comme si des cours d'eau
l'avaient amenée.

Vers midi, il fallut renoncer à maîtriser l'inondation qui partout
était arrivée au niveau du massif planté d'arbres appelé Chemin de
ceinture, qui entoure cette partie de la ville et qui, établi dans un
but de défense militaire, avait servi plus d'une fois déjà de rempart
contre les eaux.

L'ordre fut adressé aux travailleurs civils et militaires de se retirer; l'alarme fut donnée dans tous les quartiers menacés, et tous les
habitants, ayant leur domicile dans des maisons bâties en pisé de
terre ou de mâchefer, furent invités à les évacuer au plus vite. Bientôt le chemin de Ronde crevait à la hauteur des casernes de la Part-
Dieu, et le flot triomphant se précipitait par cette issue, allant au
devant du courant qui venait directement du Rhône, en franchissant
la chaussée du cours Bourdon. Alors se produisit une nouvelle
scène de désolation plus terrible et plus lamentable encore que celle
de la nuit précédente, car les malheurs étaient plus grands et les
victimes plus nombreuses.

Vers deux heures, où les eaux de la plaine supérieure, accumulées
à 3 mètres au-dessus des bas-fonds des Brotteaux, arri-vèrent en
grondant. Ces quartiers populeux présentèrent alors un spectacle
d'animation fiévreuse et désolée que n'oublieront jamais ceux qui
en furent témoins. De toutes les rues latérales, remplies de pauvres habitations vouées à une destruction quasi-certaine, on voyait
fuir vers le cours des Charpennes, vers les places des ponts, seuls
points à l'abri de l'inondation, une immense population effarée,
qu'on ne peut guère estimer à moins de 20,000 âmes. Hommes,
femmes, enfants, les uns terrifiés, les autres les larmes aux yeux,
fuyaient à la hâte devant les eaux qui montaient avec une rapidité
effrayante. Tous portaient quelques parties de leur mobilier ou les
vivres les plus indispensables, tandis que des centaines de bateaux
portés sur des charrettes et sur des fourgons de messageries ou
d'artillerie, accourant de tous côtés pour opérer le sauvetage des maisons qui s'écroulaient, se croisaient avec des centaines de véhicu-
les de toute sorte employés au déménagement des rez-de-chaussée.

Telle était la promptitude, la violence de la crue, que presque
partout des femmes, surprises par l'inondation, étaient forcées de se
sauver à pied, dans l'eau jusqu'au-dessus du genou, et que beaucoup de bestiaux devaient être abandonnés. La majeure partie ce-

pendant put être ramenée sur les places et sur les avenues des ponts, où ces animaux campaient pêle-mêle avec les familles d'inondés, sans ressources et sans domicile.

Nous aurons à payer un tribut d'hommages au maréchal Castellane et à l'administrateur du département, M. Vaisse, en même temps que nous parlerons du voyage de l'empereur. Mais nous mentionnerons isolément, et autant que possible, à la date où ils sont produits, les actes d'humanité de beaucoup de braves militaires, de mariniers, de membres du clergé et de simples particuliers, puisque le but de cette relation est seulement de conserver la mention de ces événements dans leur physionomie palpitante et telle que nous l'ont peinte les dépêches télégraphiques, les correspondances tracées sur les lieux mêmes et les récits des feuilles lyonnaises, le *Courrier*, le *Salut Public* et la *Gazette*.

A ce même moment où nous sommes arrivés, c'est-à-dire à midi, on a aperçu un signal de détresse hissé sur une maison située sur la rive droite du Rhône à un kilomètre du port de Valence. Le fleuve était dans toute sa force et sa fureur. Trois hommes intrépides montent sur une frêle embarcation ; ce sont les nommés Buffa, canotier de la navigation, qui déjà le matin, aux Granges, a retiré plusieurs personnes de maisons cernées et envahies par les eaux, et a perdu tous ses vêtements, Mège et Clausel, mariniers connus par leur dévoûment et par leur courage.

Ces braves gens, comme s'ils allaient à une fête, lancent leur canot au milieu des vagues ; la foule des spectateurs les suit des yeux, avec une émotion indicible. Arrivés au milieu de leur course, ils veulent couper le courant : un instant ils disparaissent à tous les regards, un cri d'effroi s'échappe de plusieurs poitrines ; le vénérable évêque de la ville était sur le pont, et on le voyait prier pour ces hommes intrépides, qui heureusement reparurent bientôt de l'autre côté du terrible courant, ramant vers la maison menacée qu'ils atteignirent peu après, et où ils eurent le bonheur de sauver plusieurs personnes.

Puisque nous avons nommé Valence, disons de suite que l'inondation était arrivée pendant la nuit comme un torrent ; en quelques heures, les quais, l'arsenal, le rez-de-chaussée d'un grand nombre de maisons de la basse-ville et de toutes celles des jardins, des prairies et des îles furent submergés, leurs habitants épouvantés durent se réfugier aux premiers étages, ne pouvant plus communiquer avec l'extérieur qu'au moyen de bateaux, d'échelles ou de passerelles suspendues.

Le préfet de la Drôme et l'autorité municipale prirent alors toutes les mesures pour prévenir tout accident et pourvoir à la sûreté et à la nourriture des habitants des quartiers inondés.

Mais revenons à Lyon : à huit heures, aux bords du chemin de ronde, une maison à moitié engloutie par les eaux était sur le point de s'écrouler ; sur les toits, une femme tenant dans ses bras un enfant, âgé de trois ans, poussait des cris affreux ; une barque de sauvetage se dirige de son côté ; mais la maison oscille, une seconde encore, et elle va s'engloutir ; la mère ne songe qu'à son enfant, elle le jette dans les bras de ses sauveurs et disparaît dans les débris de la maison qui s'affaisse (*voir* la gravure page 1).

Sur la place Napoléon, à la Guillotière, une femme veut traverser l'eau, le courant l'entraîne, elle va périr ; un gamin de douze à quatorze ans, jusqu'alors spectateur indifférent, s'élance avec ce courage de la jeunesse qui ne connaît aucun danger, saisit l'infortunée par les cheveux et la sauve.

Une maison de la Part-Dieu va s'écrouler, quatre femmes vont périr ; M. M..., employé à l'octroi, improvise à la hâte un radeau et s'élance sur cette fragile embarcation ; il arrive à temps. A peine les femmes sont-elles sauvées que la maison s'écroule. Une pierre atteint à la tête M. M..., le sang coule à flots ; mais, rassemblant son énergie et son courage, ce généreux citoyen redouble d'efforts ; il atteint bientôt la terre ferme ; là les forces lui manquent, et il tombe évanoui dans les bras des spectateurs qui ont suivi avec anxiété toutes les péripéties de ce drame.

Partout où il y a du danger, on trouve le dévoûment : dans les plaines du Prado, c'est un homme qui plonge à trois reprises dans un gouffre tournoyant, et trois fois sauve une nouvelle victime ; puis, après cet acte de courage accompli, se retire, refusant de dire son nom à ceux qui l'entourent et le félicitent.

Le nommé L'Hermoyé, tambour au 92e de ligne, a largement payé son tribut ; son courage a fait des prodiges. Monté sur une barque qu'il conduisait lui-même, on le voyait se multipliant sans cesse et travaillant avec ardeur pour transporter sur la rive des malheureux habitants qu'il allait chercher dans leurs maisons envahies par le fléau. Au pied des remparts du fort de Villeurbanne, deux hommes cherchaient à gagner un terrain plus solide en cheminant sur un remblai plongé dans l'eau et déjà miné ; au bout de quelques pas, le sol s'affaissa sous leurs pieds, ils roulèrent dans les flots ; L'Hermoyé, dont la barque était inoccupée en ce moment, se jeta dans le torrent dont l'impétuosité faillit l'emporter lui-même ; il parvint cependant à saisir les deux hommes, et les ramena sur le bord en nageant, après quoi il reprit son travail de sauvetage ordinaire.

Quelques heures après, conduisant sa barque chargée presque entièrement de femmes et d'enfants, il aperçut un malheureux qui essayait de se soutenir sur l'eau au moyen d'un cordage transversal attaché aux deux rives par ses extrémités, quand la rapidité du courant l'entraîna soudain et le fit disparaître. Trois hommes s'élancèrent aussitôt à son secours ; mais ils n'étaient pas assez bons nageurs pour lutter contre le torrent ; ils disparurent également L'Hermoyé, qui avait attendu le moment d'utiliser son courage, confiant alors sa barque à d'autres soins, s'élança à son tour et ramena successivement à terre les trois derniers : quant au premier, il le chercha en vain en plongeant à plusieurs reprises, il ne put le sauver.

Mais le dernier acte qui signale une journée si bien remplie mérite une mention toute particulière. Toujours avec sa barque, il passait près d'une maison entourée d'eau de toutes parts et menaçant ruine ; il s'y trouvait encore un vieillard qui appelait à lui cette barque libératrice ; mais la hauteur des fenêtres où il était placé ne lui permettait pas de descendre.

L'Hermoyé n'eut qu'un grand parti à prendre, la maison tremblait, il n'hésita pas. Abandonnant son bateau, il eut bientôt grimpé et pénétré dans la maison ; le vieillard, dit L'Hermoyé, tenait encore à ses meubles qu'il eût voulu sauver avant lui ; l'arrachant à l'objet de ses regrets, il le saisit et s'élança avec lui dans l'eau. Les deux corps disparurent, mais pour reparaître presque aussitôt.

L'Hermoyé, excellent nageur, comme on l'a vu du reste, tenait d'une main son fardeau, qu'il put remorquer ainsi, jusqu'à ce qu'il fût parvenu à le déposer dans sa barque. C'est à ce moment que la maison s'écroulait avec fracas et disparaissait elle-même sous les flots.

L'Hermoyé avait bien travaillé ; c'est après dix-huit heures d'efforts et de peine qu'il regagna sa caserne.

A l'entrée du faubourg de la Guillotière, le sauvetage ne tarda pas à devenir presque impossible ou du moins à présenter d'extrêmes difficultés. Le courant principal qui descendait directement de la brèche du boulevart en face du chemin du Sacré-Cœur, se bifurquait au bas de la place du Pont. L'un de ces rapides courants allait se jeter droit au Rhône par une rue latérale, en traversant le cours Bourbon ; l'autre, obliquant sur la place, allait se subdiviser en deux torrents infranchissables, en heurtant l'angle de la mairie du troisième arrondissement. Le bras le moins considérable passait devant la porte de cette municipalité ; l'autre, beaucoup plus dangereux, s'engouffrait en vagues effrayantes dans la Grande-Rue du faubourg, où nul n'osait se hasarder.

Pourtant, à la tombée de la nuit, des cris d'alarme poussés par les habitants d'une maison qui menaçait ruine décidèrent des mariniers, encouragés par un brave officier de sergents de ville, à affronter cette périlleuse traversée. Leur barque, retenue par des câbles et habilement dirigée, put franchir la barre dont les vagues monstrueuses semblaient fermer l'entrée du faubourg, et aller porter secours aux inondés.

En même temps, par les soins des pompiers et des mariniers, une sorte de bac-à-traille était organisé sur les autres rapides de la place du Pont, pour opérer le sauvetage des centaines de familles surprises par les eaux dans les quartiers compris entre la grande rue de la Guillotière et le cours Bourbon.

Vers six heures du soir, l'eau, qui s'était frayé un double passage dans les quartiers bas de la Guillotière, remplit la totalité de cet espace, depuis le cours Morand jusqu'aux terrains de la Vitriolerie.

Cependant, en amont de la ligne formée par les cours Morand et Vitton, se trouve un vaste et populeux quartier qui, protégé d'un côté par cet obstacle, de l'autre par le chemin de ceinture, encore intact dans cette partie, avait été préservé. Mais, à cette heure funeste, l'eau, dont le niveau monte toujours, franchit sur plusieurs points cette longue chaussée, en suivant une direction inverse au cours du fleuve, et se précipite dans les bas-fonds. Là, les mêmes scènes se renouvellent ; des maisons s'écroulent avec ce bruit rauque et prolongé devenu familier à la population. Quelquefois des masses entières de quatre ou cinq habitations s'affaissent simultanément.

Au débouché de l'avenue des Charpennes, le coup d'œil est désolant : on n'aperçoit que ruines, pans de murailles privés d'appui, maisons à demi détruites, toits enfouis dans l'eau. Des meubles, des ustensiles, des débris surnageant çà et là. Des barques nombreuses fouillent ces décombres pour arracher les habitants et quelques objets mobiliers. Sur la chaussée, devenue une espèce de débarcadère, on voit étaler parmi des meubles, matelas, lits, etc., des bannières, un dais, des ornements d'église provenant de la chapelle des Charpennes.

Suivons le sinistre minute par minute, car chacune est signalée par une calamité nouvelle. Il est huit heures, — cette mortelle journée semble ne devoir jamais finir ! — La nappe liquide s'élève toujours. De toutes les rues latérales, elle s'avance vers le cours Morand, qui se recouvre peu à peu. Toute la Guillotière, excepté les abords des principaux ponts, est en ce moment sous l'eau ou bien près de l'être.

Au nombre des accidents il n'en est pas, à coup sûr, de plus navrant que celui que nous allons rapporter :

Dans cette après-midi, des cris étaient poussés au fond d'une cour de la rue d'Aguesseau, à la Guillotière, et ne tardèrent pas à être étouffés par le bruit épouvantable que produit une maison en s'écroulant. M. Charbonnier, maire de l'arrondissement ; M. le curé de la paroisse de Saint-André, dont la conduite n'a cessé d'être admirable pendant ces fatales journées, accompagnés de plusieurs mariniers dévoués, montent dans une barque et se dirigent en toute hâte dans la direction des cris qui venaient d'être entendus. Ils pénètrent avec peine au fond de la cour de la maison qui leur est désignée, et voient une famille tout entière dont l'habitation vient d'être ensevelie, et composée d'un homme, de sa femme et de deux enfants, que celle-ci tient encore pressés dans ses bras, disparaissant déjà au milieu de l'eau. On se précipite à leur secours, et on parvient d'abord à retirer l'homme à bout de forces et au moment où il allait infailliblement périr. Quant à la femme, on réussit également à la saisir, au moment où, vaincue par la douleur, elle venait, après une dernière étreinte, d'abandonner ses enfants ; ces deux malheureux sont restés quelques instants sans vie et sans mouvement. Mais ranimés bientôt par les soins qui leur étaient prodigués, ils ont donné à la foule un de ces spectacles navrants qu'on n'oublie jamais une fois qu'on en a été témoin.

Rien n'était plus affreux que les cris poussés par cette malheureuse mère réclamant ses enfants ; rien, surtout, n'était plus déchirant que les reproches que cette infortunée s'adressait pour les avoir abandonnés au moment où ils auraient pu être sauvés.

Le pont Morand subit une épreuve plus terrible que toutes celles par lesquelles il a passé jusqu'à ce jour. Des deux côtés, les eaux touchent à son tablier, et les deux arches attenant à chaque rive sont littéralement comblées par les eaux, qui s'engouffrent au-dessous avec un bruit terrible, sans paraître l'ébranler et sans troubler la sécurité des passants qui le couvrent.

Le quartier de la Villette peut être considéré comme anéanti. Maisons en pisé et en mâchefer, fermes, murs de clôture, tout a disparu, excepté quelques bâtiments plus solidement construits, entre autres une maison en pierres de taille appartenant à M. Mercier, qui était en même temps propriétaire de plusieurs villas du voisinage moins solidement construites. Mais, disons-le de suite, ce généreux citoyen, bien que gravement atteint dans ses intérêts, ne s'est occupé que du salut de ses locataires, auxquels il a offert généreusement l'hospitalité dans sa propre habitation, et à la disposition desquels il a mis sa voiture et son cheval.

C'est à trois heures du matin que l'inondation a eu lieu pour cette localité. A sept heures, elle avait déjà deux mètres d'eau ; à neuf heures, de trois à quatre.

Au milieu de cette grande scène de désolation, une foule d'incidents particuliers d'une nature navrante et digne d'exciter l'intérêt, s'effacent pour ainsi dire. A la Villette, une maison s'écroule sur ses habitants, le mari et la femme, au moment même où, en haut de l'étage supérieur, ils appelaient à grands cris du secours. Ils disparaissent, puis parviennent à se dégager et à se hisser sur les débris de leur maison où on a pu les recueillir.

Une barque, montée par deux militaires, chavira au moment où elle abordait une maison inondée pour porter secours à ses habitants. Ces braves furent assez heureux pour s'accrocher à deux arbres voisins, à l'aide desquels ils se soutinrent jusqu'au moment où on vint les arracher à une mort imminente, eux et les pauvres gens qu'ils allaient secourir.

L'inondation, qui couvrait le 30 au soir près de la moitié de la place de Bellecour et de la rue des Marronniers, coupait aussi en plusieurs endroits le quai de la Charité et la chaussée Perrache. Le 31 au matin, avant le jour, un bateau à vapeur se détacha de cette chaussée et fut entraîné à la dérive jusque dans les îles de Pierre-Bénite. Heureusement, par une sage prévoyance, plusieurs autres steamboats chauffaient pour être prêts à tout événement. L'un d'eux se lança à la poursuite du bâtiment en perdition et put le remorquer non sans courir lui-même des risques graves.

Enfin pour en terminer avec cette nuit du 30 au 31, on constatait à Valence que le pont de la Roche-de-Glun était tourné par le courant ainsi que celui du Pouzin, du côté de Loriol. Les digues qui le protégeaient en amont et en aval sur la rive gauche étaient coupées, et le pont très gravement menacé et complétement inabordable. Le pont de Theil était également tourné par les eaux sur les deux rives du fleuve. Celui de Rochemaure était emporté.

A minuit on apprenait que, grâce au dévoûment des 150 artil-

PARIS. — Typographie LACOUR, rue Soufflot, 18.

leurs du 15 d'artillerie, envoyés à l'Isère, et qui avaient travaillé pendant plusieurs heures, le corps dans l'eau jusqu'à la ceinture, et à l'habile direction donnée à leurs travaux, le pont de l'Isère et le viaduc du chemin de fer se trouvaient à l'abri de tout danger.

A Tarascon, l'inondation se produisit dans cette journée du dimanche, avec la rapidité d'une trombe. En moins d'un quart d'heure, il y eut trois ou quatre mètres d'eau dans toutes les mai-

Un chien a sauvé huit personnes aux Charpennes.

sons. On dut couper la levée du chemin de fer pour frayer un passage au torrent.

A Tain, plusieurs maisons s'écroulaient, et à Arles, les ponts de bateaux étaient partiellement emportés.

III.

Il faut renoncer à dépeindre l'horreur et l'aspect de la nuit qui
succéda à cette journée du 31. On n'était plus seulement, à Lyon,
sous le coup de désastres locaux et personnels; on commençait à
apprendre ceux des environs, puis bientôt ceux des départements
voisins, et de toutes parts les malheurs s'ajoutaient aux malheurs.

On épiait par secondes, avec une anxiété suprême, les oscillations
du Rhône et de la Saône; on constatait chacune de leurs variations
avec d'inexprimables angoisses, car les niveaux les plus redoutés
étaient dépassés, et la rupture des digues et entraves qui avaient résisté aux précédentes inondations donnait lieu à des catastrophes
inouïes jusqu'alors.

La Saône était le 31, à Chalon, à 8 heures 20 minutes du matin, à
5 m. 22 c., à 10 heures et demie, à 5 m. 45 c; elle paraissait monter
de 2 c. par heure. Le même jour à Chalon, à 12 h. 40 minutes, elle
était à 5 m. 30 c.; à Verdun, elle était, à 6 heures, à 5 m. 90 c.

Nous allons tout à l'heure constater les principaux niveaux du
Rhône, qui, le 30 au soir, n'était encore à Valence qu'à 5 mètres,
c'est-à-dire à 50 centimètres au-dessous de l'étiage; qui était le 31
au matin à 20 centimètres au-dessus; à midi, à 50 centimètres, à 3
heures de l'après-midi, à 80 centimètres. — A Lyon, il croissait de
16 centimètres à l'heure, depuis midi. Les asiles manquaient aux
victimes. Un assez grand nombre avait passé la nuit sur la voie publique; toutes les mesures avaient cependant été prises par l'autorité pour donner asile à ces malheureux, qui ne pouvaient se décider
à abandonner les lieux où s'était engloutie leur fortune, malgré les
affectueuses sollicitations qui les entouraient.

S. Em. le cardinal-archevêque de Lyon avait, dès le premier moment, mis son palais à la disposition des inondés sans asile.

L'autorité avait pris toutes les mesures pour ne pas laisser sans
asile les infortunés dont les habitations étaient détruites : les forts
de Lyon avaient été transformés en vastes hôpitaux, et on y avait
transporté des lits.

Les nombreuses communautés religieuses de la ville et des environs avaient imité cet exemple et cédé leurs locaux aux pauvres inondés, ou du moins les avaient partagés avec eux.

Les sœurs du tiers ordre de Saint-François ayant acquis tout récemment les Délices de Beaugard, en ont inauguré la prise de possession par un acte de charité chrétienne. Elles ont donné l'hospitalité à près de trois cents inondés, hommes, femmes et enfants.

Les casernes se sont soudain converties aussi en asiles.

A la Guillotière, des maisons neuves, encore inoccupées, ont été abandonnées aux inondés. L'administration du chemin de fer de la Méditerranée avait mis une grande quantité de wagons à la disposition des familles sans asile. Des négociants s'étaient empressés d'offrir les *saches* (toiles d'emballage pour les soies) qu'ils avaient en magasin, pour en faire des habits.

On avait commencé et l'on a achevé, dans les journées du 1er et du 2, des baraquements pour loger des inondés.

Que l'on juge donc de l'étendue du désastre, puisque malgré tant d'efforts, tout le monde ne put être logé et les chaussées servirent de refuge à une grande quantité de troupeaux, que les fermiers ne savaient comment nourrir.

Le nombre de maisons disparu était incalculable. Depuis l'avant-dernière nuit, cela n'avait pas cessé. On aurait dit de ces châteaux de cartes que construisent les enfants et qu'un souffle suffit à renverser. Ainsi le 1er juin il n'était que trop vrai que les Charpennes n'existaient plus : Vaux, Villeurbanne, le hameau de la Villette, la Guillotière avaient horriblement souffert.

A chaque instant, un bruit sourd, qui retentissait au fond du cœur, annonçait qu'une maison de plus s'écroulait; du moins, dans les derniers moments, ce n'était qu'une perte matérielle, qu'une ruine accomplie; mais au premier instant, mais à l'heure qui a suivi la rupture de la digue, c'était, outre cela, des habitants surpris dans leur sommeil, des vies compromises, des vieillards, des femmes, des enfants jetés dans les hasards d'un sauvetage auquel, hélas! tous les dévoûments n'ont pu suffire.

Enfin, disait un journal, en racontant ces détails, grâce à Dieu, il en a été sauvé beaucoup. Les mariniers, les militaires, les pompiers luttaient de courage et d'ardeur. Combien n'ont-ils pas arraché de victimes à une mort certaine! Ils étaient obligés d'empêcher les femmes de se vêtir et de rien emporter, et à peine avaient-ils franchi le seuil, ou le plus souvent la fenêtre, que la maison s'écroulait.

On imaginerait difficilement la quantité de bois, de matériaux, de meubles de toute espèce que charriait non pas tant le fleuve coulant encore dans son lit, que le torrent débordé qui couvrait un si large espace.

Des chevaux, des bestiaux, des animaux de toute-espèce auraient péri. Pour presque tous les habitants, c'est une ruine complète, c'est la plus horrible misère, et ces groupes désolés qu'on voyait parcourant la ville, les femmes avec un misérable jupon et portant des enfants presque nus, n'avaiet plus rien, plus absolument rien que les haillons encore tout mouillés dont ils s'étaient couverts à la hâte en fuyant.

Le 1ᵉʳ, au matin, on constatait à Chalon que la Saône était à 5 m. 74, et elle montait toujours : mais les nouvelles de Saint-Jean de Losne indiquaient un ralentissement sensible. De 8 heures du matin à 4 heures du soir, les eaux n'y avaient crû que de 5 centim.

Le temps était beau dans les environs.

A Lyon, dans la nuit, le Rhône avait commencé son mouvement de retraite. Les rues de Sully, Malesherbes et Godefroy n'étaient pas encore libres, tant s'en faut, mais une bonne partie des eaux qui en couvrait le sol s'était retirée. Ce mouvement était beaucoup moins sensible dans les rues Monsieur et Madame et dans toutes celles comprises entre le pont Lafayette et le pont Morand. Le gaz ne donnait aucune lumière, mais beaucoup de fenêtres s'illuminaient pour suppléer à la clarté absente.

La foule écoute toujours avidement tous les récits des désastres de la journée, dont le bilan ne pourra être établi d'une manière exacte que dans quelques jours. Néanmoins, ce qu'on sait, à n'en pouvoir douter, c'est qu'une bonne partie des constructions légères bâties sur le terrain des hospices n'a pu résister à l'action des eaux, et que les quartiers de La Villette, du Sacré-Cœur, de la Part-Dieu, les abords du chemin de ronde, présentent un aspect dévasté.

Au jour, le Rhône avait diminué d'un mètre. — Un mètre ! quelle masse cela devait-il faire sur une si immense étendue ! puisque la veille encore la moitié de la ville était submergée, et la foule se promenait avec stupeur aux abords de ces lagunes limoneuses, qui avaient, sur certains points, presque l'impétuosité d'un torrent. Pourtant, si désolante que fût la situation de la ville proprement dite, ce n'était rien, si l'on pense aux affreux malheurs de la rive gauche. Depuis la Tête-d'Or jusqu'à la Mouche, c'est-à-dire dans toute la longueur de la ville, on aurait dit un tableau de déluge : c'étaient les mêmes aspects, les mêmes ruines et les mêmes désespoirs.

Quant à la Saône, elle avait monté le soir à 5 mètres 85 centimètres, c'est-à-dire à 10 centimètres de plus que le matin. Le 1er elle était redescendue à 5 mètres 70 centimètres.

Il est à peine besoin de mentionner que les chemins ordinaires submergés, les voies ferrées, crevées de place en place, parfois emportées sur un long parcours, ne permettaient plus le transport régulier des dépêches, et qu'il fallait recourir à de longs détours pour les faire arriver.

On aurait vu, par exemple, un convoi en marche, pris sur la voie entre deux rupturs et forcé de s'arrêter là, comme dans un îlot cerné par les eaux

La chambre de commerce de Lyon avait dû renouveler l'avis émis en 1840, dans des circonstances analogues, en ces termes :

« Délibérant sur la situation du commerce, par suite de l'inondation qui s'opposait à l'encaissement des effets de commerce sur plusieurs points, sans rien préjuger sur l'application qui serait ultérieurement faite par les tribunaux des cas de force majeure,

« La chambre émet l'avis *suivant :*

« Qu'il est d'abord indispensable de faire constater ces cas de force majeure par procès-verbal d'un officier public, lequel ne dispensera pas de faire protester, s'il y a lieu, aussitôt que les communications seront rétablies.

« *Le président*, Brosset aîné.

« Lyon, le 31 mai 1856. »

Le service était complétement interrompu entre Lyon et Saint-Etienne par le chemin de fer, même pour les stations intermédiaires. La voie était envahie par les ruisseaux et les torrents, notamment par le Gier. Des gravois et des boues traînées par les eaux couvraient les rails en beaucoup d'endroits, et la circulation ne pouvait être rétablie avant le déblaiement complet.

La religion a rempli noblement sa tâche au sein de ces douleurs. —Le digne curé du Bon-Pasteur a fait célébrer sur le reposoir dressé à l'entrée de l'établissement, pour sa procession, une messe pour tous les pauvres réfugiés.

Des processions ont été célébrées pendant les trois jours dont nou venons de tracer l'histoire, au milieu d'une affluence considérable, à Fourrières, où se trouve une chapelle de la Vierge très vénérée.

Mais poursuivons notre récit, à cette date du 1er. Nous avons entendu, dit un journaliste de la localité, des soldats s'écrier au milieu du cataclysme, accablés moins encore par le poids de la fatigue que par l'horreur du drame : « Nous regrettons les tranchées de Sébastopol ! »

Les rues, ou plutôt ce qu'on appelait des rues, sont bordées de monceaux de meubles et d'outils, de linges et de hardes, brisés, souillés, que les malheureux habitants arrachent des ruines par fragments et par lambeaux, pour les faire sécher. Eux-mêmes sont parqués au milieu de leurs effets, faisant cuire quelques aliments sur des feux improvisés en plein air, et couchant sur des tables, des bancs, des paillasses humides. Quelques-uns se mettent avec énergie à débrouiller le chaos semé autour d'eux ; d'autres paraissent démoralisés : ils pleurent, ou regardent fixement, d'un œil sec et hébété. Des vêtements en lambeaux ou souillés d'une boue liquide les défendent mal contre l'humidité du sol et la fraîcheur malsaine des nuits.

Quelques femmes ont des enfants suspendus à leurs mamelles, et n'ont, hélas ! à leur donner qu'un lait appauvri par des souffrances de toutes sortes. La foule des curieux circule dans ce dédale de misères morales et matérielles ; elle s'y perd, et quand elle trouve une issue, elle sort triste, morne, silencieuse et navrée. A chaque pas on entend dans un groupe le récit terrible de quelque épisode de la nuit et de la journée du 31 mai, ou l'énumération des pertes de telle ou telle famille.

A la mairie de la Guillotière, les distributions de nourriture et d'argent offrent un affligeant spectacle. C'est le besoin de la nourriture nécessaire à l'existence qui amène ces longues files d'hommes et de femmes au teint hâve, à l'œil éteint. Heureusement, des dons anonymes et généreux sont envoyés aux membres du clergé et lui permettent de dériver une forte partie de ce courant d'affamés. Des maisons riches se sont ouvertes aux plus nécessiteux, et les domestiques abandonnaient le soin de leurs maîtres pour servir les familles que ceux-ci avaient recueillies.

Au milieu de ces scènes désolantes, on en a vu de plus désolantes encore. L'immoralité n'a pas voulu être vaincue par la colère du ciel. Aux Charpennes elle a donné les plus hideux spectacles, dans les maisons même qui servaient de refuge. Nous nous hâtons de jeter un voile sur ces épisodes honteux pour l'humanité qu'ils outragent ; c'est l'ombre du magnifique tableau que le dévoûment chrétien déroule en ce moment à nos yeux.

La température est redevenue très chaude ; le soleil pompe les eaux dont l'écoulement a lieu avec peine, et auxquelles sont mélangées des substances de toute nature. D'insupportables odeurs commencent à s'en exhaler.

A tout instant, des pans de murs s'affaissent et accroissent les
monceaux de ruines amoncelées à chaque pas. Une belle usine, élégamment construite en face du Monument Expiatoire, a vu tomber,
dans toute sa hauteur, son principal mur de refend, du côté du sud.
Elle a été complétement évacuée. Les usines de MM. Coignet, où
s'étaient élaborés tant de progrès économiques pour la chimie industrielle, sont détruites; cela est maintenant certain. C'est une
perte énorme.

La tour Pitrat et les bâtiments qui en dépendent présentent le spectacle le plus capable de toucher. Cet immense local, bâti d'abord
pour servir de lieu de plaisir, a été changé, par la charité, en un
vaste asile où plusieurs centaines de personnes, chassées de leurs
demeures par l'inondation, ont trouvé un refuge et les soins les plus
tendres comme les plus assidus. Les modestes sœurs de Saint-François d'Assise, qui possèdent depuis peu cette maison, ont su, par
leur zèle et leur dévoûment, adoucir, nous dirons presque faire oublier la douleur de ceux que le fléau a jeté nus hors de leurs habitations. Elles ont su, par des efforts incroyables et la plus ingénieuse
charité, fournir des vêtements et une nourriture abondante à tous
ces malheureux manquant de tout. Il est beau de voir ces bonnes
sœurs se multiplier, oublier pour elles-mêmes les choses les plus nécessaires à la vie, et passer les nuits sans sommeil afin de fournir aux
besoins de quatre à cinq cents hôtes qu'elles ont recueillis dans leur
demeure. Aussi qui pourrait redire le concert de bénédictions qu'elles
recueillent de la bouche de ces infortunés, qui savent apprécier leur
dévoûment et leur abnégation.

Une barque contenant six militaires ayant chaviré dans la plaine
du Grand-Camp, trois de ces malheureux ont été noyés.

A tout moment on retirait des cadavres, et notamment des cadavres d'enfants des débris laissés par le fleuve en décroissance.

Mais tandis qu'il décroît à Lyon, suivons-le dans le Val et dans les
contrées qu'il va maintenant visiter avec ses flots inassouvis de
morts et de ruines.

L'aspect de la Guillotière et des Brotteaux est toujours aussi
triste; l'eau se retire lentement; le Rhône s'est fait un lit, ou, pour
être plus exact, plusieurs lits nouveaux, d'où l'on a de la peine à le
chasser. Malgré de larges tranchées qui sont ouvertes sur le quai
Castellane, le cours Bourbon, le quai Combalot, les eaux s'écoulent
d'une manière bien peu sensible. Dans l'intérieur, les maisons con-
tinuent à tomber; quelques-unes s'écroulent à mesure que les eaux
se retirent, et la force du courant semblait les retenir.

Le sauvetage continue pour beaucoup de maisons qui inspirent encore des craintes sérieuses. On porte du pain aux malheureux qui sont restés dans les maisons isolées. On en a vu qui garnissaient les toits d'habitations situées près de l'usine à gaz, et qui demandaient du pain à grands cris.

Les quais sont toujours garnis de pauvres ménages qui bivouaquent en attendant qu'on leur ait trouvé des logements. Beaucoup d'inondés se sont réfugiés à Saint-Juste, à la Croix-Rousse, chez leurs parents ou leurs amis.

Voici en quels termes un habitant de Tours a retracé les principales circonstances de l'affreuse inondation qui causait dans cette ville et dans toute la vallée du Rhône d'immenses désastres. Nous lui laissons la parole :

« Hier samedi, à six heures du soir, les eaux du Rhône étaient à 7 mètres 95 c. au-dessus de l'étiage c'est-à-dire, d'un mètre 10 c. plus élevées qu'en 1840. Le tablier du pont suspendu était battu avec violence par l'eau du fleuve. Les câbles qui retiennent le pont fixé au quai allaient probablement céder, car le terrain du quai se lézardait, et l'on n'aurait pas hésité à couper le pont si l'on avait pu l'empêcher d'aller s'abattre contre le viaduc du chemin de fer et le détruire.

« Mais l'ascension de l'eau s'arrêta : une brèche venait d'être faite par la violence du courant aux chaussées du côté de Boulbon. Pensant que l'eau allait venir à Tarascon, on sonna le tocsin, et les habitants transportaient à la hâte sur le quai leurs bêtes, quelques meubles et plusieurs centaines de tonneaux pleins de chardons à foulon, dont on fait commerce à Taranson. Cependant, à huit heures et trois quarts, on ne voyait dans les rues de la ville que des infiltrations provenant de la pression du Rhône ; mais tout à coup un bruit roulant comme celui du tonnerre se fait entendre, et les eaux du fleuve se précipitent dans la ville avec une violence effrayante, et dans un quart d'heure, il y avait trois à quatre mètres d'eau dans toutes les maisons.

« Il est impossible d'apprécier la quantité de chevaux et d'autres animaux noyés par cette irruption si rapide, ni le dommage occasionné dans les magasins de provisions, dans les salons comme dans les champs. J'ai aidé à faire monter trois chevaux dans des salons du premier étage, et j'ai vu surnager une quantité considérable d'huile renfermée dix minutes auparavant dans des jarres, qu'on n'a pas eu le temps d'aller prendre.

« A dix heures du soir l'eau ne montait plus, et ce matin elle s'é-

Paris — Typ. Lacour, rue Soufflot, 13.

tait abaissée de plus d'un mètre. Le chemin de fer est brisé en plusieurs endroits, et les communications avec Avignon seront probablement interrompues quelque temps. Tout le bassin du Rhône
n'est plus qu'une vaste mer. »

On écrivait de Beaucaire à la même date, dimanche, 1er juin,
8 heures du soir :

« Hier au soir, samedi, nous avons vu les eaux atteindre la hauteur de 7 m. 75 cent. au-dessus de l'étiage c'est-à-dire 1 m. 70 c.

Vous ne reconnaissez donc pas votre fils le zouave?

de plus qu'en 1840. Dès lors la belle et forte banquette qui protége
la ville n'était plus suffisante, et les eaux passant par dessus retom-
baient en cascade dans nos rues qu'elles transformaient en torrents.
La population alarmée courait dans tous les sens, emportant sur les
hauteurs ce qu'elle avait de plus précieux. Le pont en fil de fer,
atteint par les eaux, était continuellement ébranlé par les radeaux,
les bateaux et autres objets qui, venant se briser en mille éclats

4

contre lui, formaient ensuite une barrière qui ne pouvait tarder à tout entraîner dans sa chute.

« Ce n'est qu'alors, quand la ville courait un danger sérieux, que les digues de Provence ont cédé au-dessus de Tarascon et celles du Languedoc à 5 kilomètres au-dessous de notre ville. Les eaux, se précipitant par ces larges ouvertures dans notre immense plaine, ont baissé depuis ce moment, et nous avons pu considérer la ville comme sauvée aux dépens d'une riche récolte.

« Lorsque ce matin nous avons pu considérer nos environs du haut du château, le spectacle le plus navrant s'est offert à nos yeux. Aussi loin que l'œil peut s'étendre, ce n'est qu'une mer parsemée d'arbres et de toits de maisons. La Provence est couverte jusqu'à Saint-Denis; notre plaine jusqu'à Saint-Gilles se remplit toujours plus.

« L'eau n'est pourtant pas encore arrivée dans nos murs; et nous pouvons aller à pied dans presque toutes les rues, lorsque Tarascon est submergé de 2 et 3 mètres; malgré la rupture de la ligne ferrée d'Avignon, un convoi entier de pain est venu alimenter cette population et celle des villages envahis. Les habitants de Valabrègue, environnés de toutes parts, n'ont plus eu qu'un coin du cimetière où ils se sont tous réfugiés.

« Le dégât est incalculable; je n'entre dans aucun détail; nous ne savons pas du reste ce qui s'est passé à dix minutes d'ici. Il suffira de vous dire, pour vous peindre le mal, qu'on fauche le blé vert à mesure que les eaux avancent, pour l'utiliser encore comme nourriture des troupeaux. La baisse est aujourd'hui d'un mètre environ; mais le niveau de 1840 se maintient toujours, et notre plaine se remplit de plus en plus. »

IV

Journée du 2 juin. — Décroissance du Rhône à Lyon — Physionomie de la ville et des environs. — Episodes. — Interruption des voies de communication. — Rupture des digues dans le Bas-Rhône. — Journées des 3, 4 et 5 juin. — Tarascon, Beaucaire, Arles. — Inondation de la Camargue. — Désastres et famine. — Ecroulements d'édifices.

A Lyon, le fleuve continuait à décroître, les secours s'organisaient avec un touchant empressement, et les autorités de tout ordre veillaient avec une infatigable sollicitude sur les intérêts présents, et sur les précautions à prendre pour éviter les conséquences des évacuations que la chaleur dégorgeait de tant de marécages inaccoutumés.

On avait encore à constater des malheurs. Dans la nuit, une catastrophe avait eu lieu. A l'angle de la Grande-Rue et de la place Saint-Louis, une maison s'était écroulée et avait enseveli six personnes dont aucune n'avait pu être sauvée.

Près de Roquemaure, une famille entière, père, mère et cinq enfants, avait péri surprise dans une campagne isolée.

Ce même jour, lundi, un ouvrier suivait un convoi de trois cercueils renfermant sa femme et ses deux enfants, trois victimes de l'inondation; toute la famille de ce malheureux.

La situation du chef-lieu du Rhône s'améliorait d'instant en instant.

Le fleuve était à peu près rentré dans son lit et le niveau de l'inondation avait sensiblement baissé dans toutes les localités atteintes par elle. La plupart même auraient été entièrement délivrées de sa présence si les chaussées et le défaut de pente des terrains ne s'opposaient à l'écoulement des eaux devenues stagnantes.

La Grande-Rue de la Guillotière, dans toute son étendue, était encore inondée. Des courants y existaient toujours, et la circulation s'y faisait en bateaux, mais d'une manière lente et difficile. Il n'existait du reste aucune communication directe, si ce n'est par le cours Morand, entre Lyon et le chemin de ceinture, toutes les autres étant interceptées.

A mesure que les eaux se retirent et que la circulation reprend une partie du terrain qu'elle avait perdu, on peut se faire une idée plus juste du désastre, de sa nature et de son étendue, compter les ruines, hélas ! et l'on commence aussi à compter ceux qui ont péri.

L'aspect des Charpennes a quelque chose de navrant et de lamentable. Les trois quarts des habitations dont se composait ce bourg ou plutôt ce faubourg sont détruites. Tout le long de l'avenue qui y conduit, ce ne sont que ruines entassées où se mêlent des planchers brisés, des pans de murs, des meubles, des lits, des matelas, des linges souillés par la boue, et que de pauvres gens, les larmes aux yeux, fouillent pour en retirer les objets les plus indispensables pour leurs besoins journaliers.

Dans la Grande-Rue, même spectacle, plus effrayant encore, car les maisons y sont plus nombreuses, plus serrées et plus belles. Une

partie a résisté : la façade de quelques autres paraît intacte ; mais, en
regardant par les portes ouvertes et les fenêtres brisées, on aperçoit
des murs renversés, des planchers effondrés. C'est que là un mur
intérieur, imprudemment construit en pisé, a cédé, entraîné tout
ce qu'il supportait et ébranlé tout le reste. Beaucoup menacent
ruine.

Plus loin, le quartier qui entourait la chapelle a éprouvé un bouleversement plus complet, s'il est possible. De cet édifice, construit
avec les deniers des habitants eux-mêmes, il ne reste plus que la
carcasse extérieure et les toits ; le remplissage en terre battue des arcades, les distributions intérieures, tout cela a disparu. Sur les ruines d'une maison écroulée et entourée par les eaux de l'inondation,
se montrait hier une apparition sinistre, le cadavre debout d'une
pauvre femme blanchisseuse, engagé à moitié dans les débris, et
dont la partie supérieure était maintenue dans une position verticale
par les décombres au milieu desquels elle était retenue. Dans une
autre habitation du voisinage, cinq hommes et deux femmes, nous
a-t-on dit, ont été ensevelis sous les ruines de l'asile où ils s'étaient
réfugiés.

On est sans nouvelles de beaucoup d'autres personnes, et l'on n'ose
faire des conjectures sur leur sort. On craint que les fouilles qui
vont avoir lieu ne révèlent bien des catastrophes à peine soupçonnées.

- Au milieu de cette désolation, l'attitude de cette population, presque exclusivement agricole et industrielle, est calme et résignée. On
cite encore là beaucoup de braves gens qui se sont dévoués pour
arracher des victimes à l'inondation, et qui eux-mêmes ont été cruellement éprouvés par le fléau.

On apprenait à Paris l'interruption des communications sur le
chemin de fer de la Méditerranée ; à la suite de la rupture de la digue de Tarascon, la ligne avait été envahie par les eaux et surmontée
en plusieurs endroits entre la Montagnette et Tarascon.

Le service des voyageurs continuait entre Lyon et Avignon, ainsi
qu'entre Marseille et les lignes de la rive droite du Rhône. La crue
du Rhône avait dépassé de 1 mètre 50 cent. celle de 1840 ; le mouvement de retraite des eaux s'opérait rapidement.

La crue du Rhône entre Marseille et Avignon dépassait d'un mètre
50 centimètres l'élévation qu'il avait atteinte en 1840 ; il avai trenversé
une partie des remparts de la ville d'Avignon, envahi toutes les
plaines qui s'étendent à droite et à gauche vers Nîmes et du côté
d'Arles, et coupé sur plusieurs points le chemin de fer entre Tarascon et Arles.

Le viaduc qui traverse le Rhône a résisté parfaitement et a maintenu la communication entre les deux rives.

Le maire d'Avignon avait dû demander un envoi de pains au maire de Marseille, qui avait procédé immédiatement à son expédition par les routes impériales conduisant à Tarascon.

Les autorités prescrivaient partout des mesures de sûreté et envoyaient des troupes pour activer les travaux.

Par suite des pluies diluviennes cause de l'inondation, des pans de muraille du fort de Sainte-Foy s'étaient écroulés sous la poussée des terres détrempées qu'ils retenaient.

En face de Beaucaire, les digues ayant été surmontées et rompues en plusieurs points, tout le territoire de Barbentane et de Vallabrègues n'a offert bientôt que l'aspect d'une vaste mer. Les eaux ont alors exercé une telle pression sur la chaussée du chemin de fer et sur la digue de Boulbon qui protége la plaine de Tarascon, que ces deux obstacles ont cédé à leurs efforts. Le chemin de fer a été emporté sur une grande longueur, et sur la digue de Boulbon, deux larges brèches ont donné passage aux eaux. La plaine de Tarascon à Arles a été ainsi couverte de plusieurs mètres, et dans Tarascon même l'eau est arrivée jusqu'au premier étage des maisons. Le matin du 2 juin, malgré une baisse de plus de deux mètres, on ne circulait dans les rues qu'en bateau.

Sur cette rive, la situation des habitants de Vallabrègues était surtout digne de pitié. Réfugiés tous dans le cimetière, seul point de la commune resté à sec, ils attendaient avec anxiété la cessation du fléau. Le commissaire central de police de Nîmes, envoyé sur les lieux par le préfet, distribuait à tous ces malheureux les approvisionnements qui leur étaient envoyés de Nîmes. Le sieur Fosse, ancien capitaine du port de Beaucaire, auteur de beaucoup d'autres actes de courage, s'était dévoué le premier pour se rendre, avec un bateau rempli de provisions, de Beaucaire à Vallabrègues. La ville de Beaucaire à eu le bonheur d'être complétement préservée; le suintement de la porte Beauregard a seulement changé une de ses rues en rivière.

Le préfet des Bouches-du-Rhône ne quittait pas non plus Arles et Tarascon. A sa demande, on dirigeait de Nîmes des secours de toute espèce sur cette dernière ville. Les boulangers de Nîmes ne cessaient de faire du pain que l'on expédiait aux infortunés inondés.

Quoique le chemin de fer se trouve établi à 1 mètre 50 centimètres au-dessus du niveau de l'inondation de 1840, dans celle de 1856, les eaux sont arrivées sur plusieurs points jusqu'à la hauteur de rails.

Nous allons, pour un moment, quitter Lyon où le fleuve rentre dans son lit, et porter notre attention sur les journées du 3 et du 4 juin dans le département du Bas-Rhône.

Sans augmenter, les eaux ne se retiraient que lentement dans les immenses plaines des départements de Vaucluse et des Bouches-du-Rhône.

Les espérances que l'on concevait de voir les eaux du Rhône et de la Durance opérer leur retraite ne se réalisaient pas. La crue restait stationnaire sous l'influence des vents du sud et des pluies qui tombaient de nouveau dans la vallée du Rhône. A Avignon, Tarascon et Arles, la situation n'était pas sensiblement améliorée. La presque totalité de l'arrondissement d'Arles restait submergée. La plaine du Trebon offrait l'aspect d'une vaste mer. Il en était de même dans la Camargue, où l'on éprouvait les plus vives craintes pour les nombreux troupeaux répandus dans ses immenses prairies. Près de cent mille têtes de bétail avaient pu se réfugier sur les digues respectés par l'inondation; mais là pas un brin d'herbe ne s'offrait à ces pauvres animaux déjà poursuivis par la famine. Des bateaux à vapeur furent enfin mis en réquisition pour en effectuer le sauvetage en les transportant sur les parties de la Crau où les eaux ne peuvent atteindre.

Une autre version était plus sinistre encore, c'était une lettre écrite d'Arles, à la date du 3, et dont voici les passages principaux :

« Après avoir emporté le pont et une trentaine de bateaux chargés de charbon, le Rhône a passé par dessus les digues et les a renversées en plusieurs endroits, inondant ainsi la vaste plaine de ce beau territoire, couvert, cette année, de la plus belle récolte, prête à être moissonnée.

« En quelques heures, tout a été perdu, et les plaines de la Camargue, Trebon et Plan-du-Bourg, se sont couvertes d'eau, de cinq à huit heures du matin. La perte est immense, et, si aux céréales, on ajoute encore celle non moins grande des bêtes à laine, on peut, sans exagération, les porter à plusieurs millions pour Arles seulement.

« Le mal énorme que nous éprouvons n'a pas été occasionné par la rupture seule des chaussées d'Arles, mais encore par les chaussées en amont de Tarascon, qui couvraient et protégeaient un territoire d'environ 80 kilomètres de long.

« Le Rhône baisse un peu, mais il n'y a rien de nouveau dans notre situation.

« Le Grand-Plan-du-Bourg sera probablement préservé; il en est de même des principaux domaines de la rive droite du grand Rhône. Cependant, dans la basse Camargue, l'invasion des eaux se fait actuellement sentir en refluant dans les terres qui n'ont pas reçu les eaux directement. »

Les communications entre Marseille et Avignon se faisaient par la voie de Nîmes. Dans cette dernière ville, les voyageurs quittaient le chemin de fer et étaient transportés à Avignon par des voitures.

Les journaux de Marseille en étaient réduits à emprunter les détails sur l'inondation aux journaux de Nîmes et de Montpellier. Depuis le samedi le courrier de Paris éprouvait dans ces dernières villes un retard de quatorze heures.

Enfin, on constatait le 4, à Beaucaire, une diminution sensible et continue. A six heures du matin la cote était 5 m. 95. Cette décroissance progressive de la hauteur des eaux apportait un grand soulagement aux populations dont les demeures et les champs étaient inondés, et permettait de commencer en beaucoup de lieux des travaux importants.

La brèche, en aval de Beaucaire, était l'objet d'une surveillance attentive. Quoique par l'effet du courant elle se fût approfondie, elle débitait cependant beaucoup moins d'eau, grâce à l'abaissement du niveau du fleuve. Une compagnie du 3e régiment du génie confectionnait une grande quantité de fascines, tandis que des brigades d'ouvriers civils exécutaient d'autres travaux. Sur le même point, de nombreux travailleurs accéléraient la marche des ouvrages qu'il s'agissait d'élever au plus vite contre les empiétements du fleuve.

A Saint-Gilles, les eaux s'élevaient toujours; cependant elles n'étaient pas arrivées jusqu'à Aigues-Mortes.

La plaine de Montfrin à Aramon était aussi inondée depuis le samedi. Trois maisons de cette dernière commune s'étaient écroulées. Deux brèches existaient à la chaussée, l'une en dessus, l'autre en dessous d'Aramon.

On comptait la perte de beaucoup de bestiaux, bœufs, chevaux et moutons.

Au viaduc du Rhône, entre Tarascon et Beaucaire, le courant du fleuve atteignait le tablier du pont qui a résisté à la plus rude épreuve qu'il aura peut-être à subir jamais. Quant au pont en fils de fer qui unit les deux villes, il était entièrement couvert par les eaux.

L'effet de l'inondation était sensible à partir de la station de Saint-Martin de Crau, et bien avant d'arriver à Raphèle on apercevait à

perte de vue l'eau couvrir les prairies et les moissons dans toute
la partie qui se trouve à gauche du voyageur. La levée du chemin
de fer protégeait les terres de la droite sans toutefois les garantir
des infiltrations. Aux environs de la gare d'Arles, l'eau couvrait
toutes les parties basses et baignait encore beaucoup d'habitations
jusqu'au premier étage, bien qu'aux empreintes laissées sur les
murs on pût voir qu'elle avait baissé d'environ un mètre.

Un bateau à vapeur employé par l'autorité pour sauver dans la
Camargue quelques habitants qui s'y trouvaient en péril, rentrait à
Marseille.

Le sous-préfet d'Arles et un ingénieur s'étaient embarqués sur ce
vapeur, qui a pu naviguer sur la Camargue comme en pleine mer.
Ces deux fonctionnaires se tenaient sur le pont pour découvrir à
l'aide de longues-vues, les infortunés qui avaient besoin de secours.

On a pu sauver ainsi une soixantaine de personnes en les recueil-
lant par groupes de quatre ou de cinq, sur des toits de maisons ou
sur des radeaux. Plusieurs de ces malheureux inondés avaient été
privés de nourriture depuis 36 heures.

On frémit à la pensée des malheurs inconnus qui ont pu avoir
lieu. C'est dans ces campagnes isolées, où tout secours immédiat a
dû manquer, qu'ils sont surtout terribles.

Les nouvelles devenaient meilleures le 5 juin. Mais les eaux
n'avaient pas pour cela rendu encore tous les points envahis. Du
haut des tours des Arènes et de l'Horloge d'Arles, aussi loin que la
vue pouvait s'étendre, elle ne s'arrêtait que sur un spectacle de ruine
et de désolation. La moitié de la Crau, la Camargue presque tout
entière offraient l'aspect d'une mer dont çà et là des bouquets d'arbres, des maisons demi-noyées et des langues de terre préservées
dépassaient le niveau.

Les bestiaux retirés à temps de leurs étables stationnaient sur les
tertres où leurs gardiens attendaient avec eux la fin de l'inondation.

D'Arles à Tarascon, la ligne du chemin de fer était entourée d'eau
des deux côtés dans presque tout son parcours. Le fleuve ayant
trouvé son issue vers Boulbon inondait le Trebon sur une surface
qu'on n'évaluait pas à moins de dix lieues. Quant à la ville même
de Tarascon, elle restait envahie par les eaux. La veille encore, dans
l'après-midi, bien qu'elles eussent baissé de plus d'un mètre, elles
ne laissaient de libre que la digue insubmersible et la promenade

du Cours. Au moment où l'inondation se déclara avec la furie que
l'on sait, la plupart des habitants furent surpris dans leurs maisons,
quelques-uns durent en briser la toiture pour ne pas être étouffés
par les eaux. C'est à peine si l'on eut le temps d'évacuer l'importante caserne des lanciers; hommes et chevaux purent gagner Saint-
Rémy.

On parlait d'une quinzaine de maisons écroulées et l'on craignait
de trouver des victimes sous leurs décombres, des débris de toute

M. X... atteint l'arbre sur lequel se sont réfugiées sa femme et sa fille.

espèce étant charriés par le courant. On vit flotter longtemps devant
la caserne un lit magnifique élégamment garni, et d'autres objets de
riche ameublement venant on ne sait d'où. On s'accordait à dire
que Tarascon eût été entièrement submergé si le Rhône n'eût emporté les chaussées de Boulbon et de Montagnette, donnant ainsi
aux eaux une issue dans les plaines de la rive gauche. Dieu veuille

qu'en rétablissant la ligne de Tarascon à Avignon, toutes les exigences puissent être conciliées de manière à prévenir le renouvellement des malheurs qu'entraîne chaque crue du fleuve, et que les populations riveraines ne manquent pas d'attribuer à la disposition présente des travaux du chemin de fer.

V.

Décroissance des eaux. — Retour du beau temps. —¦Fouilles et exhumations. — Affreuses découvertes sous les décombres.— Les voleurs des inondés. — Les épaves. — Les trafiquants de secours. — Aide prêtée par la troupe pour l'écoulement des eaux. — Détails épisodiques ; héroïsme des sauveteurs.

A partir du 6 juin, la décroissance des deux fleuves n'a plus cessé, s'opérant avec plus ou moins de lenteur, il est vrai, et par intervalles inégaux, mais s'accomplissant d'une manière sensible.

La crainte d'une recrudescence avait disparu, car le beau temps avait vaincu enfin et d'une manière que le baromètre annonçait devoir être fixe, les inondations et le déluge du mois de mai. Mais à mesure que les localités envahies se découvrent, on commence à apprécier les mystères de dévastation que la nappe écumeuse recouvrait jusque-là.

Un deuil plus profond, plus navrant que celui des premiers jours se produisit alors, car les abîmes et les décombres rendaient leur proie ; les enfants, les parents, les amis que l'on espérait encore retrouver, sauvés par quelques-uns des coups de fortune dont on avait des exemples, apparaissaient broyés, mutilés par les écroulements ou défigurés par l'asphyxie.

Dans la rue Becheveuil, à la Guillotière, on a trouvé un malheureux jeune homme qui, entraîné sans doute par la rapidité du tourbillon, avait la tête prise dans l'ouverture d'un égout ; de telle façon que le corps avait une position verticale.

M. Emile Galofre, pharmacien, rue de la Vierge, à Lyon, dont le magasin avait été inondé, découvrit sur les rayons de son laboratoire le cadavre d'une jeune fille de douze ans, apporté là par le courant. La sœur de cette jeune fille devint folle de désespoir, en apprenant ce malheur.

A Saint-André, on retirait d'une seule maison les cadavres de trois enfants; dans les environs six autres cadavres étaient successivement arrachés des ruines d'une seule construction.

Les faits de ce genre devenaient si communs que les journaux eux-mêmes ou renonçaient à les inscrire, ou les indiquaient à peine par une ligne.

Les efforts de l'administration, aidée par les hommes de la garnison, tendaient surtout à ouvrir des voies de dérivation aux amas d'eaux stationnaires dans les bas-fonds, et dont les émanations devenaient d'heure en heure plus dangereuses.

Les voies de communication se réorganisaient, les inondés regagnaient l'endroit où avait été leur demeure, et beaucoup essayaient de se dresser des abris à même les débris couverts de limon. Les travaux d'assainissement exigeaient une persistance et un déploiement de bras, qui ne laissaient pas espérer avant la moitié du mois l'entier assèchement des marécages inaccoutumés dont souffraient tant d'endroits.

Ainsi, à la date du **12**, on constatait à Lyon que la situation de la Guillotière s'améliorait graduellement. Grâce à des saignées nombreuses, les eaux amassées dans les bas-fonds, et qui sur beaucoup de points exhalaient une odeur fétide, et avaient pris une teinte vert de bouteille, s'écoulent malheureusement avec beaucoup plus de lenteur qu'elles ne sont arrivées. Des ponts provisoires et des passerelles en planches sont établis partout où cette mesure avait été jugée nécessaire pour maintenir la circulation des piétons et des voitures. Le courant qui partait de la brèche du fort des Brotteaux et se portait au sud, avait emporté, sur une largeur d'environ quatre-vingts mètres, la chaussée du cours Lafayette. Cette solution de continuité avait été en partie comblée avec des remblais nouveaux ; mais on avait laissé subsister une coupure d'une vingtaine de mètres pour l'évacuation des eaux supérieures. L'un des fossés extérieurs et de la plaine adjacente continuait à se vider par l'ouverture faite au chemin de ronde, et se trouvait par là préservée de l'altération qui eût été inévitable si cette issue ne lui eût été ouverte. La plaine située au-delà jusqu'aux balmes viennoises avait été abandonnée par les eaux. Il en était de même du Grand-Camp et du territoire des Charpennes.

La grande rue de la Guillotière était toujours interceptée, à la hauteur de l'église Saint-Louis, par une flaque d'eau qu'alimentaient les courants provenant des quartiers situés en amont, et que n'étaient pas encore parvenues à assécher les tranchées pratiquées en aval, jusqu'à la gare de la Vitriolerie, ainsi que les canaux souterrains qui vont dans cette direction.

Depuis le vendredi, des ouvriers militaires et civils travaillaient sans relâche au déblaiement d'une maison située à l'angle de cette place, et qui s'était écroulée dans la nuit du 1er au 2 juin, ensevelissant plusieurs de ses habitants sous ses décombres. Le samedi on avait retiré les cadavres de quatre des victimes de cette catastrophe ; le dimanche on avait retiré la cinquième, et enfin, le lundi, on exhumait la sixième. Une famille de trois personnes ; une dame, propriétaire de la maison, un mari et sa femme avaient trouvé la mort dans ce désastre, rendu plus lugubre encore par les ténèbres au milieu desquelles il s'était accompli. Tous ces cadavres ont été religieusement déposés dans des cercueils et ensevelis avec le cérémonial ordinaire.

Cependant la confiance renaissait un peu avec le beau temps, et l'on constatait particulièrement avec joie, non-seulement dans les départements inondés, mais par toute la France que la journée du 8, époque de la Saint-Médard, s'était passée sans pluie, ce qui, depuis douze ans n'avait pas eu lieu à Paris.

Avec la retraite des eaux on eut bientôt à flétrir des actes de vandalisme inouïs. D'abord, pendant l'inondation même, on avait signalé des êtres assez dégradés, assez inhumains pour spéculer sur la misère des pauvres gens en s'introduisant dans leur demeure envahie par les eaux, et les dévalisant sous le faux semblant de leur porter secours et de les mettre à l'abri d'une ruine plus complète. A Lyon, le peuple avait flétri ces hommes du nom de *voleurs des inondés*. Dans les compagnes riveraines de la Saône, du Rhône et de la Loire, on a vu d'autres hommes descendre des pays hauts pour recueillir les *épaves*; ceux-ci étaient peut-être plus ignorants que coupables. Nous avons vu en 1840, non loin de Vienne, en Dauphiné, des villageois croyant de la meilleure foi du monde qu'il était permis de s'emparer de tout ce qui s'en allait à vau-l'eau sur le fleuve, le long de leur contrée, et que ce n'était point là un vol. On eut toutes les peines du monde à les dissuader de cette idée et à leur en faire comprendre les graves conséquences.

Cette tradition sauvage du droit d'épaves a été longtemps très vivace en France. On lit dans les registres du parlement de Paris :

« Le 10 fevrier 1616, le procureur general remonstra qu'il a eu avis que près Saint-Denis et aux environs de cette ville, sur les bords de la riviere, se trouvoient plusieurs meubles précieux et tombés en icelle, par la ruine naguere advenue des maisons sur le pont Saint-Michel et aux Changeurs, lequels meubles ayant été demandés par ceux auxquels ils appartenoient, la délivrance en a été retardée, sous pretexte des droits d'épaves, bris et naufrages, par ceux qui les ont trouvés au grand préjudice et dommage tant des particuliers que du public, requiert qu'ils leur soient rendus promptement sans aucun droit d'épaves, bris ou naufrages. »

Le parlement rendit un arrêt conforme au réquisitoire ; la justice et l'humanité eussent exigé davantage, mais en prononçant dès lors l'abolition de ce droit, la cour eût peut-être tenté en vain de détruire un abus fortifié par une tradition antique, et plus encore par l'ignorance et la cupidité des riverains.

Quoi qu'il en soit, il est bon que les ignorants ou les cupides sachent une fois pour toutes que la loi ne fait pas de distinction entre le soi-disant droit d'épave et le vol.

Malheureusement, on le voit, la presse, si fière d'avoir à enregistrer ces belles actions qui consolent un peu de tant de désastres, a un autre devoir à remplir, c'est celui de flétrir les rares bassesses dont la honte contraste avec la générosité quasi-universelle que l'on voit se déployer en ces tristes circonstances.

Ainsi croirait-on que parmi ces intrépides citoyens de toutes conditions, qui allaient par centaines sauver leurs semblables au péril de leur vie, et qui même bien souvent étaient obligés d'arracher de force des imprudents trop confiants à la mort ; il s'est trouvé deux misérables sans cœur, qui, montés sur un bateau d'emprunt, ont eu l'odieuse infamie de vouloir faire composer une pauvre dame dont la maison isolée, loin de tout secours, s'affaissait dans les flots : — Combien nous donnerez-vous pour vous embarquer ? criaient-ils à cette malheureuse qui, folle de terreur, se jeta à l'eau par sa croisée, en sentant les murs s'écrouler. Ils n'osèrent pourtant pas la laisser noyer sous leurs yeux, c'eût été un meurtre; ils ne voulaient que faire une affaire.

Avant d'en finir avec les désastres causés par le Rhône et la Saône, terminons ce tableau par quelques épisodes recueillis à des sources respectables, et que, pour éviter la confusion ou l'erreur, nous n'avons pu fixer sous les dates précises de nos précédents paragraphes.

Dans la nuit du samedi 31 au dimanche 1er juin, une maison de deux étages située à la Guillotière, à l'angle de la Grand-Rue et de la rue Saint-Louis, croulait tout à coup, quelques locataires purent se sauver; une jeune femme sortant de couche, depuis quelques jours, fut obligée de descendre d'un balcon, en se laissant glisser à l'aide de draps qui y étaient attachés; on retira deux malheureux de dessous les décombres, les autres, au nombre de six, furent ensevelis sous les ruines.

L'hospice des vieillards, de Lyon, était entièrement enseveli dans les eaux, et ces malheureux, accablés par l'âge et les infirmités, s'étaient réfugiés sur les toits de l'établissement. Les barques ne pouvant pas aborder, les mariniers ont pris sur leurs épaules ces infortunés, au nombre de deux cents, un à un, pour les transporter en lieu sûr.

A la Part-Dieu, une femme et son mari, voyant passer une barque, s'élancent d'un second étage dans l'eau ; les mariniers arrêtent leur embarcation, et l'un deux, plongeant aussitôt, atteint les deux infortunés et les sauve.

A peu près au même moment, une femme portant deux enfants sur ses bras, tandis qu'un troisième est suspendu sur ses épaules, descend à la hâte de sa maison pour entrer dans une barque qui l'attend au bas. Au moment où elle pose le pied sur le dernier escalier, il s'écroule, un enfant lui échappe, tombe dans l'eau; elle veut le retenir; dans ce brusque mouvement les deux autres glissent et roulent dans le cercueil commun, et la malheureuse mère voit périr sous ses yeux ses trois enfants.

Une mère et sa fille, jeune personne de dix-huit ans, se sont réfugiées sur le balcon de leur appartement pour descendre dans une barque qui se dirige vers elle. Tout à coup la maison s'écroule, la mère est précipitée dans l'eau, où elle disparaît. Par un hasard providentiel, la jeune fille reste suspendue au-dessus de l'abîme, accrochée par ses jupons à une poutre de la façade : ce n'est qu'une heure après que des mariniers parviennent à l'arracher à cette terrible position.

Une barque de pontonniers vient de recueillir vingt-cinq personnes; sur son passage une maison s'écroule et la fait chavirer : le lieutenant des pontonniers et un sergent seuls échappent à la mort.

Un chien a sauvé huit personnes aux Charpennes. Lorsque la digue se rompit, on envoya immédiatement dans cette localité des escadrons de dragons qui, frappant aux portes avec le pommeau de leur sabre avertissaient du danger. Dans une maison, une famille entière n'a pas entendu le signal; mais le chien veille, il s'élance sur le lit de son maître, arrache avec ses dents les couvertures. Celui-ci se réveille enfin, réunit sa famille; à peine franchissait-elle le seuil de la maison que les murs s'écroulaient.

On nous cite également un trait de fidélité touchante d'un autre chien. Sur les ruines d'une maison démolie, on voit aux Charpennes un pauvre caniche qui, fouillant avec ses pattes dans les débris, pousse des hurlements lamentables; sous ces débris, sans doute, 'sont ensevelis ses maîtres. Tous les efforts faits pour arracher de ces lieux ce pauvre animal ont été inutiles.

A cette première nuit du sinistre, si féconde en incidents dramatiques, nous emprunterons encore celui-ci :

Le capitaine d'une compagnie de mariniers, nommé Chapelle, s'était lancé avec sa barque au milieu de la nappe liquide qui recouvrait le sol des Charpennes, cherchant des malheureux à sauver.

Il entend crier au secours. Ces cris partent d'une maison contenant toute une famille, le père, la mère et deux enfants. Mais il est impossible d'aborder à l'étage supérieur où se sont refugiés les inondés, et trop élevé au-dessus du niveau de l'eau pour qu'il soit possible de communiquer avec lui.

Le marinier prend aussitôt son parti; il crie aux captifs : Jetez-vous à l'eau. Après un moment d'hésitation, le père se décide; il jette dans la nappe liquide profonde de deux mètres et demi un premier enfant, puis un second que le sauveteur pêche à la nage et place dans son embarcation. Il en fait autant pour la femme et finalement il prend le même chemin. En définitive, et grâce à l'énergie des uns et des autres, tous les quatre sont ramenés sains et saufs par l'intrépide marinier.

VI

LA LOIRE ET SES AFFLUENTS.

Débuts de l'inondation. — Hauteur des eaux, leur marche progressive. — L'inondation vue aux flambeaux. — Envahissement de la ville. — Nuit du 31 mai au 1er juin à Orléans.

Nous allons maintenant retrouver les mêmes scènes de douleur et de dévastation sur un autre théâtre, mais avec cette circonstance plus pénible peut-être, que les localités dont nous allons raconter les désastres devaient, par leur position géologique, se croire plus à l'abri que les riverains de ce fougueux voisin qu'on appelle le Rhône.

Nous arrivons, sans autre préambule aux débordements de la Loire et de ses affluents. Nous interrogerons, pour ce tableau, comme nous l'avons fait pour les précédents, les données officielles et administratives, les correspondances privées et les relations écrites sur les lieux par les publicistes qui rédigent les principaux organes de ces contrées importantes : le *Journal* et le *Moniteur* du Loiret, le

Journal de la Loire, le *Messager du Midi*, le *Journal de Maine-et-Loire* le *Journal d'Indre-et-Loire* et les autres.

Les pluies diluviennes qui tombent sans interruption depuis plusieurs semaines ne pouvaient manquer d'avoir des conséquences funestes. Elles avaient amené de premiers débordements de la Loire et de ses affluents, dans les derniers jours de mai ; on espérait, cependant, en être quitte pour quelques dommages isolés, lorsque les orages des 27, 28 et 29 firent redouter une crue nouvelle des courants qui commençaient à rentrer dans leur lit.

Les nouvelles du haut pays devenaient inquiétantes, et la ville d'Orléans apprenait avec émoi, dans la journée du 30, que le fleuve et ses affluents grossissaient rapidement et dans des proportions inusitées.

Les eaux de l'Allier étaient presque déjà aussi élevées qu'à la dernière crue ; dans l'après-midi, elles atteignaient près de 4 mètres dans le département du Puy-de-Dôme, et elles continuaient de croître. — Dans la même journée, elles arrivaient à 3 mètres à Moulins.

La Loire n'avait pas une crue moins forte. Les eaux étaient à Roanne, à 4 mètres 30, et à Nevers, elles dépassaient 5 mètres.

Les dépêches du préfet de la Nièvre annonçaient qu'elles grossissaient toujours.

A Orléans, la crue atteignait dans la soirée du 31, dix centimètres à l'heure.

Une grande masse d'eau était attendue, et l'inquiétude se répandait dans la ville.

Les dépêches se succédaient d'heure en heure. Il n'était plus permis d'en douter, les eaux menacent de nouveau d'envahir, pour la quatrième fois depuis deux mois, les vallées riveraines.

Le 31, à 8 heures du matin, à Nevers, on constatait avec effroi que la Loire avait beaucoup monté pendant la nuit : elle s'élevait à 3 mètres 98 au-dessus de l'étiage, et montait toujours à raison de 8 centimètres à l'heure.

La pluie continuait ; tous les affluens débordés grossissaient encore.

Les eaux de l'Allier croissaient de 6 cent. par heure, et s'élevaient à 6 heures du matin à 4 mètres 40 cent. au pont de Moulins.

Il devenait certain que la crue actuelle dépassait les crues précédentes.

Le 1er, on était à Châteauneuf, avec une crue qui dépassait de 35 à 40 centimètres la hauteur de celle du 11 mai précédent. On allait en bateau dans toutes les rues, et la circulation avec voiture était conséquemment interdite. L'eau était à la hauteur d'un mètre environ dans la rue principale. On ne parlait que de pertes de toutes façons.

L'Arnon complétait son œuvre de destruction en emportant les arches du pont de Chéry qu'il avait laissées debout la première fois lorsqu'il enleva une arche qu'on avait remplacée provisoirement.

Destruction de Besaudun.

Lignières, Mareuil, Chârost et toutes les localités riveraines subissaient les atteintes du désastre.

Cette crue égalait au moins celle de 1846 ; la levée de l'Allier était rompue à Cuffy sur une longueur de 1,800 mètres environ. Le pont de Fourchambault était détruit. L'Allier et la Loire se répandaient à 2 kilomètres en moyenne au-delà de leur lit. Les malheureux riverains éprouvaient des pertes immenses.

Le même jour, dimanche 1er juin, à onze heures du soir, on écrivait d'Orléans :

Nous sommes dans l'eau ; la crue est à six mètres en ce moment ; les levées de la Loire menacent de partir ; l'infanterie travaille sans relâche à les consolider.

On craint de grands désastres pour cette nuit.

En effet, pendant la nuit du dimanche au lundi, le fleuve s'accrut dans une proportion effrayante. Voici les chiffres relevés à l'étiage à partir de minuit :

2 juin. Minuit, ... 6 m. 27
— . Une heure du matin, ... 6 m. 43
— Deux heures du matin, . . . 6 m. 53
— ' Trois heures du matin, . . . 6 m. 54
— . Quatre heures du matin, même chiffre.

Une dépêche du Puy-de-Dôme annonçait une crue considérable de l'Allier à Brioude.

Le dimanche 1er, pendant toute la journée, des bestiaux en nombre considérable, des voitures chargées d'objets mobiliers, ne cessaient d'arriver du Val et de traverser les rues d'Orléans, fuyant devant les approches de l'inondation. Des fermes entières avec tous leurs troupeaux, des familles nombreuses abandonnaient leurs demeures, venant chercher un refuge dans cette ville, et c'était pitié de voir à chaque pas dans les rues ces malheureux cultivateurs, la figure morne, traînant leurs vaches, conduisant une charrette où étaient assis leurs enfants sur les pauvres objets du ménage.

La Loire ne cessait de croître avec une rapidité et dans les proportions les plus menaçantes. Après s'être élevée dans la matinée de 4 à 5 centimètres par heure, elle augmenta, à partir de midi, de 15 à 20 centimètres à l'heure.

Tous les quais de la ville étaient couverts d'eau jusqu'aux abords même du pont. Le fleuve battait avec force le pied des maisons, dont le rez-de-chaussée était envahi. On circulait en barque sur tous les quais.

Vers neuf heures du soir, sur la nouvelle que la levée paraissait fléchir à Sandillon et inspirait les plus grandes craintes, trente hommes du 22e, accompagnés de perreyeurs et d'hommes armés de pelles et de pioche, furent dirigés vers l'endroit menacé.

En même temps, on réunissait aux abords du pont, sous la garde de la société de Sauvetage, un grand nombre d'outils, de pelles, de bâches, etc. Des barques étaient mises en réquisition à tout événement.

Mais l'endroit qui inspirait les craintes les plus vives était le remblai de la culée du pont de Vierzon, lequel remblai protége à la fois le pont et la levée. — Des affouillements avaient commencé à y être constatés. M. Collin, ingénieur en chef de la Loire, assisté du sous-ingénieur et du chef de station de la compagnie du chemin de fer d'Orléans, s'y transporta aussitôt, et de nombreux ouvriers ainsi qu'une compagnie d'infanterie furent employés activement dans la soirée à consolider ce remblai. M. le préfet, M. le maire, M. le général Cœur, M. le commandant de gendarmerie, M. de la Taille, inspecteur principal de la voie, M. Lanxade, commissaire central, dirigeaient les travailleurs.

On avait envoyé de la gare une centaine de bâches goudronnées pour secourir les parties menacées.

Les dernières nouvelles annonçaient que tout le remblai du chemin de fer était attaqué par les eaux.

Un pont de la voie au-dessus d'une route menaçait ruine.

Dans le Centre, le beau viaduc du Grand-Central, sur l'Allier, entre Issoire et Clermont, venait d'être emporté par l'Allier. C'était un ouvrage d'art qui avait coûté 2 millions.

Le chemin du Centre était coupé en deux endroits, sur Bourges et sur Châteauroux. On ne dépassait plus Vierzon.

Quant au viaduc de Vierzon, sur la solidité duquel de fâcheuses rumeurs circulaient dans la ville, rien ne faisait encore douter qu'il ne résistât; aucune lézarde n'y était remarquée; des agents de la compagnie l'avaient parcouru incessamment toute la nuit avec des torches, et, aucun symptôme inquiétant ne s'était manifesté. Les trains continuaient de le traverser. Seulement les convois de marchandises, à cause de leur poids, avaient été suspendus sur la ligne du Centre, pour éviter tout ébranlement au viaduc; les convois de voyageurs seuls continuaient de circuler; mais les voyageurs étaient peu nombreux, et le train express du Centre, arrivé le soir à Orléans n'en contenait que cinq.

Pendant que l'on enregistrait cette situation à Orléans, le fleuve montait également en aval. Il envahissait la route impériale et le chemin de fer à Andrézieux; le soir, une légère baisse ayant eu lieu, les communications se trouvaient interrompues entre Saint-Etienne et Montbrison.

Le service cessait complétement entre Lyon et Saint-Etienne par le chemin de fer, même pour les stations intermédiaires. La voie était envahie par les ruisseaux et les torrents, notamment par le Gier. Des gravois et des boues traînés par les eaux couvraient les rails en beaucoup d'endroits et la circulation ne pouvait plus être rétablie avant le déblaiement complet.

La nuit était terrible à Orléans. A minuit, la petite levée, en face du Cabinet-Vert, qui s'élève entre la Loire et la grande levée du fleuve, éprouvait une rupture; quelques maisons de campagne, habitées par leurs propriétaires, se voyaient envahies par les eaux.

A Sandillon, la Loire atteignait le niveau de la levée.

A une heure, un grand bateau, chargé de bois de charpente, et dont les amarres avait été arrachées, venait de se briser contre les arches du pont avec d'horribles craquements.

De nombreuses torches s'agitaient auprès des bains Lhoute et de la Rotonde, sur les amarres desquels on veillait avec la plus grande inquiétude.

Triste spectacle que celui de toutes ces torches, au milieu de la nuit, sur les rives du fleuve qui gronde !

A deux heures, le temps se montrait de plus en plus sombre et mauvais. Des éclairs sillonnaient le ciel et la pluie tombait avec abondance.

On ne recevait plus de dépêches de Nevers, les fils du télégraphe électrique ayant été entraînés avec la voie.

Les nouvelles d'amont sont déplorables, au point de vue des récoltes inondées et des dégâts produits. Mais aucune rupture de levée n'était signalée.

A cinq heures du matin, la circulation des convois était suspendue sur le pont de Vierzon, les ingénieurs ayant conseillé cette mesure de prudence. L'eau s'engouffrait dans les ouvertures des piles du viaduc, et l'on avait crainte d'accident.

La Loire était stationnaire à 6 m. 53.

Les eaux du Loiret gagnaient la Mouillère et les rues basses voisines : la circulation y était interrompue.

Les troupes et les ouvriers envoyés sur les points menacés, Saint-Charles, Sandillon, etc., revenaient. Les ingénieurs avaient déclaré n'en avoir plus besoin, les travaux ayant réussi à maintenir les levées. On se croyait sauvé, mais dès huit heures du matin le 2, la Loire recommençait à grossir. Le niveau des eaux, à l'échelle officielle de la navigation du pont de Vierzon (porte de Bourgogne), s'était élevé à 6 m. 85, c'est-à-dire 5 cent. de plus que la crue d'octobre 1846.

Dans les maisons des quais envahies par la Loire, le niveau des eaux a dépassé de dix centimètres le chiffre de 1846.

Une maison minée par des mouvements souterrains s'écroulait rue Druffin, faubourg Madeleine.

Les voyageurs partis de Paris trouvaient le chemin interrompu en avant de Vierzon, et l'on annonçait que le pont de biais, près de Nevers, avait été emporté.

VII.

Journée du 1er juin au 2 juin. — Recrudescence de l'inondation. — Les riverains de la Loire. — Catastrophe de Jargeau. — Invasion et destruction des chemins de fer.— Conséquences du fléau dans Orléans. — Tours, pendant les journées du dimanche et du lundi.

L'espoir qu'on avait trop facilement conçu la veille à Orléans d'une retraite de la Loire, était dissipé d'une manière aussi soudaine que terrible.

On y recevait d'Ouzouer-sur-Loire les deux notes suivantes que nous citons dans leur laconisme palpitant.

« 1er *Juin, quatre heures*. — Il n'y a plus moyen de résister. Le fléau arrive avec une rapidité effrayante, nous partons de l'Orme pour aller prévenir nos pauvres fermiers retardataires de partir immédiatement. En longeant la levée, nous voyons une scène navrante de l'autre côté du rivage, près Saint-Aignan-le-Jaillard, c'est un malheureux, seul sur sa banquette, appelant au secours. Il est père de cinq enfants, et par moments il se met à genoux pour prier Dieu. On me dit qu'il a pu être sauvé.

« *Six heures*.—Nous arrivons à Ouzouer : le tocsin sonne, on bat la générale, tous les habitants en masse, notre bon curé en tête, sur l'invitation de M. le maire et du brigadier, se portent avec des pelles et autres outils sur la levée de la Loche et de la Bastille pour fortifier la levée qui menace en cet endroit. Rien n'y fait. M. le le juge de paix renvoie tous les travailleurs, et aussitôt l'enfer, c'est le mot, vient s'abattre dans notre pauvre val ; tout le monde reste immobile et regarde, les larmes aux yeux, nos récoltes disparaître dans le torrent.

« Trois maisons, dans la nuit du dimanche au lundi, sont emportées : celle de notre garde-port et deux appartenant à François Quillier père, fruit de ses économies pendant cinquante ans. »

Des nouvelles plus déplorables encore arrivaient du pays d'Aval.

La Loire avait crevé les levées à Ouzain ; le chemin d'Orléans était emporté sur une grande étendue.

A Amboise, la levée de 1846 était renversée, et les eaux opéraient d'effroyables désastres. La gare était bouleversée, la ligne emportée avec le télégraphe.

La levée de la Loire avait crevé le matin, à Beaugencey, au lieu dit le Guidon, faisant une brèche de 150 mètres. Le val était inondé.

A Jargeau, les maisons se lézardaient et s'affaissaient comme à Orléans.

La rupture de la levée de la Loire, au-dessus de Jargeau, avait eu lieu à Marmain, à 2 kilomètres en amont.

La brèche s'était formée un peu au-dessous du quartier de Jargeau, appelé la Tuilerie. Sa largeur était de plus d'un kilomètre. Il est facile de se faire une idée des ravages occasionnés par cette ouverture de la Loire. Tout ce que les eaux ont rencontré : arbres, récoltes, chaumières, bestiaux, maisons, a été impitoyablement renversé et emporté ; dans plusieurs endroits il était impossible de retrouver la trace des anciennes habitations. Plusieurs courants s'étaient établis et occasionnaient ces désastres multipliés. L'un existait dans l'intérieur même de la ville, et avait sa direction dans la rue de l'Echo ; à peu de distance de là un second labourait la route d'Orléans, un troisième à quelques mètres du second, creusait d'une manière épouvantable la rue de la Chapotte ou la rue des Limosins ; un quatrième, venant de la rue des Civets avec une impétuosité incroyable, renversait une partie des bâtiments de la gendarmerie, ébranlait l'auberge de la Madeleine et mettait à jour une maison qui s'écroula ainsi que plusieurs habitations voisines.

Plus haut un grand nombre de maisons étaient également fort maltraitées et menaçaient ruine. Néanmoins, le faubourg Berry n'était pas le quartier qui souffrait le plus. Un sixième courant prenait en flanc le quartier de Raguenelle, et ses flots emportaient les maisons faisant obstacle à leur fureur ; plus de vingt habitations s'écroulaient dans cette partie de la ville, et successivement plusieurs s'affaissaient encore sur elles-mêmes et disparaissaient dans le sol fouillé et détrempé. Enfin, un septième courant, non moins violent et rapide que le précédent, s'était établi à la Croix-des-Barres, dans l'ancien lit de la Loire, traversant la route d'Orléans qu'il coupait profondément à cet endroit, et culbutant sept ou huit maisons en ce dernier quartier, avec un fracas horrible.

Les eaux couvraient presque entièrement les communes de Jargeau, Férolles et Darvoy, et une partie de celles d'Ouvrouer-les-Champs et de Vienne. L'inondation était générale et s'étendait depuis le quartier de la Bourbonnière jusqu'au coteau de la Sologne. Les lieux où l'eau avait atteint la plus grande élévation sont :

Pour Jargeau : Les fossés du Saumon, l'intérieur de la ville, le faubourg Berry, le quartier de la Raguenelle, la Croix-des-Barres, Chapotte, le fossé Brinon, Papelard, le verger de la Martinière.

Pour Darvoy : La Ciraille, les Avallées, la place Bouzonville, les Buffets, la grand'cour La Mothe et les Asses.

Pour Férolles : Pontoise, Cherelles, Jean-Roy, Lumière, Fossature, Visy, le gué Gaillard et les parties riveraines de la rivière de l'Ousson.

Et pour Sandillon : L'Orme, Rebonty, les Nones, Bardy, les Grands-Marcois, Croix-d'Azon et Champmarcou. Dans une multititude d'endroits l'eau s'éleva à la hauteur d'un premier étage et avait en conséquence une profondeur de trois à quatre mètres.

Au milieu de ce désordre épouvantable on n'eut à déplorer aucune victime de l'inondation, grâce, toutefois, aux mesures de sauvetage et de subsistance prises avec la plus grande intelligence par M. le maire de Jargeau, et au dévoûment comme au courage sans bornes des personnes dont il s'était entouré pour coopérer au salut et au soulagement des pauvres inondés.

Un seul malheur toutefois bien regrettable était à signaler : c'était la mort d'un jeune homme de dix-huit ans, appelé Florentin Delahaye, dit Grillon, disparu dans une espèce de gouffre formé sur la route d'Orléans, quartier de la Raguenelle, à l'angle d'une maison à peu près démolie. Ce pauvre enfant, ne croyant pas le danger aussi grand qu'il lui avait été signalé désira, malgré des barricades établies, visiter les dégâts faits sur les lieux dont il s'agit, et périt dans ce trou dont les profondeurs étaient inconnues, malgré les efforts généreux des citoyens qui se trouvaient là présents.

Ce désastre de Jargeau laissait plus de vingt familles aujourd'hui sans asile et sans pain, et avec les seuls vêtements qu'une fuite précipitée leur avait permis de prendre. La ruine a atteint un grand nombre, et le désespoir gagna plusieurs victimes. Les gens de la campagne pourtant ne sont pas faciles à décourager, il faut donc que les maux dont ils sont frappés soient bien grands ! Un travail opiniâtre de quelques années et une bienfaisance inépuisable de la part des personnes généreuses qui n'ont pas eu à souffrir pourront seuls rendre la prospérité à ces populations, si cruellement éprouvées en ce moment.

Dans une étendue de 5 à 6 kilomètres les terres jadis si belles et couvertes de si brillantes récoltes, se sont trouvées jarrées ou couvertes de sable à une hauteur de 33 centimètres à 1 mètre. Dans plusieurs endroits même, surtout dans les quartiers de la Raguenelle et de la Croix-des-Barres, la grève s'élève à 2 mètres et plus. Dans cet état de choses, non-seulement la récolte de cette année a été entièrement perdue, mais plusieurs années encore doivent se passer au milieu d'une stérilité presque complète.

La route d'Orléans, de Jargeau à Tigy, était crevassée dans plusieurs endroits, elle était ravagée dans une étendue de près de 2 kilomètres. Elle contenait, du faubourg Berry à la Croix-des-Barres, plus de douze excavations dont les profondeurs pouvaient varier de 2 à 3 mètres et plus, dégâts énormes sur cette route si bien entretenue et si belle il y avait quelques jours à peine.

Le nombre des maisons détruites ou endommagées s'élève à *quarante-trois*, sans compter les maisons de l'intérieur de la ville plus ou moins détériorées et percées. Lorsqu'a reparu dans les jours suivants, un peu de calme, chacun, d'un air plus ou moins consterné, reprit la direction de sa maison, mais tout le monde ne pouvait pas reprendre son domicile dans les habitations délabrées; quelques-uns même avaient de la peine à reconnaître l'espace qu'elles occupaient autrefois. Beaucoup étaient réduits à recevoir l'hospitalité soit à Jargeau, soit à Saint-Denis-de-l'Hôtel.

A Saint-Jean-le-Blanc, l'eau, ayant passé pardessus la levée, est venue avec impétuosité s'engouffrer dans la propriété des Capucins, après avoir renversé les murs.

Un grand nombre de personnes, surtout de femmes et de vieillards, des régions avoisinantes et envahies, qui s'étaient obstinés à demeurer dans leurs maisons malgré les eaux, demandèrent à être amenées à Orléans. Plus de deux cents personnes furent ainsi embarquées et amenées en ville. La plupart venaient de Saint-Pryvé, l'endroit le plus complétement submergé.

A Saint-Charles, dans une rue voisine de la caserne, deux vieillards, qui s'obstinaient à rester dans leur maison furent enlevés et sauvés par deux gendarmes.

A Orléans, l'autorité faisait délivrer du pain et des vivres aux inondés réfugiés dans la ville.

Toutes les autorités administrative, militaire, judiciaire, s'étaient réunies en une sorte de quartier général, d'où rayonnaient tous les ordres et d'où partaient tous les secours. Le préfet, le général Cœur, le maire d'Orléans et ses adjoints, le procureur général, les officiers de gendarmerie, des conseillers municipaux se tenaient là en permanence, veillant sur tout et prêts à se diriger sur les lieux qui réclameraient leur présence.

L'inondation de la Loire ne cause pas seulement des désastres dans

PARIS. — Impr. LACOUR ET C', rue Soufflot, 16.

le Val et sur tout le rivage du fleuve, les conséquences du fléau se font sentir jusque dans l'intérieur de la ville et dans les maisons situées sur les hauteurs. Voici l'étrange et inquiétant phénomène qui s'est produit la nuit et le matin du jour qui nous occupe.

Les eaux souterraines qui ont leur écoulement naturel vers la Loire se sont trouvés retenues, pendant l'inondation, par le niveau surélevé du fleuve. Elles ont été obligées de refluer sur elles-mêmes, et il

Les eaux, en se retirant, laissent à découvert des ruines et des ca'avres.

s'est fait sous les maisons un travail d'affouillement et d'infiltration. Il en résulte que dans plusieurs quartiers les fondations reposent actuellement sur un sol ramolli et sans consistance. Des tassements se sont produits et se sont révélés à l'extérieur par des lézardes plus ou moins considérables. Dans quelques quartiers ces mouvements ont pris un caractère tout à fait inquiétant. Il est des maisons qu'il a fallu étayer, il en est d'autres que les habitants ont dû évacuer. Dans

7

le quartier Saint-Laurent, rue de l'Oriflamme, au cloître Saint-Aignan, rue Bourgogne, rue des Charretiers et ailleurs, ce singulier phénomène s'est manifesté dans plusieurs maisons de la façon la plus inattendue.

Mais il est temps de nous occuper de Tours, où nous conduit notre sinistre itinéraire.

La ville de Tours est située sur la rive gauche de la Loire, entre le fleuve et son confluent avec le Cher. Elle était donc exposée aux même désastres que la partie du territoire d'Orléans comprise entre la Loire et le Loiret. La rivière et le fleuve ont opéré leur jonction comme à Orléans, et toute la ville a été envahie par les eaux. Elle s'est trouvée prise à l'improviste, ne croyant pas à cette jonction quasi-instantanée. On allait être atteint, lorsque l'élévation simultanée des eaux de la Loire et du Cher fit pressentir l'imminence du danger dont les nouvelles du haut des deux rivières annonçaient la grandeur. C'était du Cher surtout que venait le péril, la prodigieuse rapidité avec laquelle il s'élevait faisait craindre, que, rompant et dépassant ses levées, il ne déversât dans la plaine du côté de la Ville-aux-Dames, de Saint-Pierre-des-Corps et de l'ancienne commune de Saint-Etienne. Aussi la première pensée de l'administration fut de protéger la levée de Rochepinard, les premiers efforts de la population furent consacrés à l'exhausser par la construction d'une banquette.

La journée de dimanche se termina avec l'espoir que ce premier travail parviendrait à conjurer le danger ; mais la crue incessante et rapide du Cher le fit bientôt évanouir, et lundi matin on comprit que ce n'était plus là qu'il fallait se mettre en mesure de protéger la commune de Tours, la rupture de la levée de Rochepinard paraissant désormais inévitable.

Un nouvel appel de l'autorité et le sentiment du péril secouèrent un peu la torpeur de la population. Le nombre des travailleurs volontaires s'accrut, et, secondés par le secours des troupes de la garnison et par les colons de Mettray, au nombre de deux cents, ils parvinrent à élever à la hâte, dans toute la longueur du canal, une banquette gazonnée de plus d'un mètre de hauteur. Hélas ! on ne tarda pas à reconnaître l'impérieuse nécessité de ce travail, puisque bientôt le Cher, dépassant ses digues, se précipitait comme une avalanche dans le quadrilatère formé par les levées du Cher, de la Loire, du canal et le territoire de Montlouis.

Le Cher croissait toujours avec une décourageante persistance, et ne tarda pas à remplir le bassin vers lequel il s'était frayé un passage; les eaux eurent bientôt couvert les prairies, les champs, les récoltes, et l'on ne nevit plus au-dessus de leur surface que la tête des arbres et les toitures des maisons. Cependant une décroissance était signalée à une certaine distance en amont, une baisse sensible vint un instant dissiper les inquiétudes et faire croire au terme des alarmes. Mais il était écrit que ce pays épuiserait en une seule fois la somme des périls et des misères.

Le Cher avait baissé, c'était la Loire qui allait menacer la ville. Une crue extraordinaire était annoncée du pays haut : il allait falloir lutter contre elle comme on avait lutté contre celle du Cher à Rochepinard, comme on avait lutté contre elle sur les berges du canal. Mais avec ce nouvel adversaire le combat allait être bien plus terrible qu'avec le premier. On était menacé sur un point par le Cher ; la Loire, elle, pouvait attaquer partout à la fois. Près de Montlouis, à Conneuil, la faiblesse des levées donnait les plus légitimes craintes, et montrait la perspective d'une invasion de la ville proprement dite et du territoire communal par la Ville-aux-Dames et Saint-Pierre-des-Corps.

Plus près, le canal était un sujet de trop justes inquiétudes. Il l'était surtout dans un moment où la hauteur extraordinaire du Cher empêchant de s'en servir comme d'un débouché, il formait une impasse dans laquelle s'enfournaient les eaux, sans autre issue que celle qu'elles pourraient se frayer par de redoutables déchirements. Le quai de Saint-Pierre-des-Corps, affouillé d'une manière si terrible il y a dix ans, ajoutait aux craintes générales. Plus bas, c'était le pont suspendu de Saint-Symphorien qui menaçait d'être emporté ; enfin on n'était pas sans défiance à l'égard du quai de la Poissonnerie, sujet continuel de préoccupations dans le passé, et où la moindre fissure pouvait déterminer la submersion des quartiers les plus populeux de la cité.

Soit excès de confiance, soit excès de placidité, la population n'avait pas semblé encore comprendre toute l'imminence, toute l'effroyable grandeur du mal, lorsqu'un événement, qui n'était pourtant pas destiné à se réaliser, vint secouer sa torpeur. L'eau venait de se faire jour dans un des pavillons du pont de Saint-Symphorien, et tout semblait annoncer qu'il allait s'ouvrir en face de la rue Saint-Maurice une brèche devant laquelle tous les travaux seraient nécessairement demeurés impuissants, et qui, inondant la ville vers son centre et d'un point culminant, l'aurait infailliblement dévastée de la manière la plus terrible. La nuit approchait déjà lorsque l'affouillement de la culée du pont suspendu commence à se manifester dans la maison du gardien. Aussitôt, la générale se fait entendre ; chacun semble comprendre que le moment d'agir vigoureusement est arrivé. On se précipite en foule vers le quai de la Foire-le-Roi au canal, on renforce les banquettes, on ferme le sommet des escaliers qui descendent à la Loire, on dépave la partie de la route qui touche au quartier, des chaînes organisées font arriver le fumier, le sable, les pavés, aux hommes chargés de donner de la solidité au faible rempart qui arrête le débordement du fleuve sur la ville. Mais la Loire monte toujours ; le pont suspendu, horriblement tourmenté par les eaux qui atteignent et secouent son tablier, ébranlent ses cu-lées, va peut-être être précipité dans la direction du pont de pierre, et Dieu sait quelle sera la situation de la ville si ce malheur s'accom-plit !

Cette épreuve devait, par bonheur, être épargnée, et le pont se maintient malgré la fureur du fleuve, malgré le choc des débris qui le heurtent sans cesse dans un moment où il suffit du moindre effort peut-être pour déterminer sa rupture.

La Loire, en 1846, c'est-à-dire à l'époque de sa plus grande crue, s'était élevée à 7 mètres 10 centimètres ; elle venait d'arriver à 7 mè-tres 50 centimètres ; elle affleurait le faîte des banquettes : une fis-sure, la moindre dépression des terres, pouvait livrer passage au torrent. Après être restée plus d'une heure stationnaire, elle sem-bla baisser. Hélas ! c'était une trompeuse décroissance que celle-là ! si elle rassurait un peu les craintes pour les quartiers du nord, elle allait les reporter avec plus d'intensité vers la portion méridionale de la commune. Les digues venaient de se rompre à Montlouis, à 4 kilomètres en amont de Tours. Le fleuve prenait son cours entre les levées, sur un terrain que déjà couvraient les eaux du Cher déver-sées du côté de Rochepinard, et venait attaquer Tours au canal où il était déjà si sérieusement menacé.

Tout devait conspirer à la fois pour la ruine de cette malheureuse cité. Les eaux furieuses s'élançaient avec une impitoyable violence dans la gare du canal ; comme un formidable bélier elles battaient en brèche le fond de cette impasse, contre laquelle ses efforts inces-sants avaient jusque là échoué. L'écluse résiste victorieusement ; le talus de l'extrémité du Mail tient avec une vigueur inespérée ; il semble qu'il n'y ait rien à craindre du perré oriental de la gare, au-quel sa massive et large construction donne une rassurante solidité. C'est là au contraire que la rupture va se faire. Tout-à-coup le pont du canal est emporté, et les flots, dans un irrésistible élan, renver-sent la chaussée dans l'angle qu'elle forme avec la partie orientale de la maçonnerie de l'écluse, et se jettent comme dans un gouffre au milieu de la plaine de Saint-Pierre-des-Corps.

La maison du sieur Pétillault et celles qui se trouvent dans la même direction croulent et disparaissent ; la Loire, qui déjà avait rejoint le Cher du côté de Montlouis, se confond avec lui, et tous deux réunis ont bientôt franchi le canal, renversé le rempart que deux jours auparavant on avait eu tant de peine à édifier. La plaine de Saint-Etienne forme un immense torrent qui ne trouve plus pour lui résister les vieux remparts, qui l'auraient victorieusement tenu en échec. L'embarcadère, le chemin de fer d'Orléans et le quartier qui s'est formé autour de lui disparaissent sous plus de 2 mètres d'eau ; le Mail est envahi, toutes les rues qui y aboutissent sont inondées, et les habitants consternés se trouvent cernés dans leurs demeures, attendant la mort et n'osant espérer un sauvetage qui paraît désormais impossible.

A l'autre extrémité de la commune, c'est-à-dire dans la partie que la suppression de Saint-Etienne y a adjointe, le désastre n'était pas moins grand. La Loire et le Cher rencontrent bien un obstacle dans la plus grande étendue de la route de Grammont ; malheureusement, trois portes leur sont ouvertes ; au milieu par le pont de l'Archevêque, au nord par les rues voisines de la gare, au midi par le viaduc du chemin de Nantes, qui est renversé de fond en comble et laisse une insurmontable coupure sur la route de Bordeaux. Ce sont autant d'issues par lesquelles ils se précipitent, entraînant sur leur passage les murs, les maisons, formant, là où leur chute est plus resserrée, des déversoirs torrentueux et formidables devant lesquels seront obligés de reculer, non le courage et la témérité même, mais les forces des sauveteurs les plus expérimentés.

Un double danger restait à conjurer et a pu être prévenu, c'était celui pourtant qui paraissait le plus inévitable. La partie des talus du canal qui forme l'extrémité orientale du Mail, du côté de Tours, avait été profondément affouillée par la Loire, la brèche s'avançait de plusieurs mètres, la rupture était imminente.

A l'entrée de la gare du canal, le fleuve pouvait démolir le talus qui protége la rue du Faubourg-Saint-Pierre-des-Corps. Les travaux, habilement et promptement exécutés sur ce dernier point, parvinrent à créer une résistance assez imposante pour y conjurer une catastrophe qui eût emporté infailliblement le quartier est de la ville. Mais telle était la gravité de cette situation que ce fut le 5, au matin seulement, que les ingénieurs purent se regarder comme maîtres du danger.

Quant à l'extrémité du Mail, les eaux, en se détournant sur les avenues de Saint-Pierre-des-Corps, l'ont heureusement laissée debout et l'ont préservée de l'effort direct du torrent devant lequel toutes les habitations du boulevard auraient inévitablement croulé.

Tel est, dans son ensemble, l'épouvantable cataclysme qui est venu fondre sur Tours et sa banlieue. Nous en compléterons la peinture, en devançant ici nos dates, par une description de l'intérieur de la ville et des environs après l'envahissement du fléau :

La rue Royale présentait l'aspect d'un canal que traversaient incessamment les barques envoyées au secours des malheureux qui n'ont pas voulu, ou qui n'ont pas pu encore quitter leurs habitations. Le Mail était un torrent où flottaient confondus les débris que la Loire et le Cher avaient arrachés dans leurs cours impétueux. L'embarcadère autour duquel se concentrait la veille encore toute l'activité de la ville, où le regard se réjouissait à la vue de cette animation bruyante qu'appelle la locomotion rapide des nouvelles voies de communication, silencieux et morne, était enserré par une ceinture d'eau s'élevant jusqu'à la hauteur de l'appui des fenêtres. En face, le jardin de la préfecture ne laissait apercevoir que la tête de ses arbres et s'ouvrait devant ses murs renversés. Les rues de Paris, de Bordeaux, du Rempart, qui avaient cru pouvoir impunément s'installer sur nos vieux remparts pour attirer à elles tout le commerce, toutes les forces vives de la cité, traçaient par le faîte seulement de leurs murs et de leurs maisons leurs alignements et leurs contours.

C'est de la route de Grammont surtout qu'il était possible d'apercevoir dans toute leur horreur les effets de la catastrophe. Aussi loin que le regard pouvait s'étendre, de l'eau, toujours de l'eau! Les deux rivières n'ont pu franchir le solide obstacle que leur opposait la route de Bordeaux; mais les épaves qui, d'une extrémité à l'autre, jonchent le côté oriental indiquent assez jusqu'à quelle hauteur la crue s'est élevée, et les énergiques efforts qu'elle a faits pour le surmonter. Ce sont des meubles, des vêtements, des charpentes. Le pont de l'Archevêque, ébranlé, menace ruine; le viaduc du chemin de fer de Nantes, affouillé avec une incroyable violence, n'a pu résister; il s'est affaissé, s'est partagé, laissant au milieu du passage que les flots se sont frayé deux énormes monceaux de maçonnerie indiquant seuls la place où il existait.

Regardons maintenant dans les rues étroites des quartiers de la vieille ville. De la rue Borgne, qui longe l'ancienne caserne d'infanterie, jusqu'à la commune de La Riche, complétement inondée, elle aussi, comme toutes les communes inférieures ; du Champ-de-Mars jusqu'au Mail ; de la place d'Aumont jusqu'à Saint-Sauveur, s'étend un lac immense qui s'élève jusqu'au premier étage des maisons.

Citons, comme un fait consolateur après un tel tableau, un acte qui restera glorieusement attaché à la mémoire de l'archevêque de Tours : Mgr Morlot s'est rendu lui-même avec ses ecclésiastiques sur les levées, et, avec eux et à leur tête, a pris une part active à l'œuvre périlleuse entreprise contre les progrès de l'inondation. Le cardinal avait à la main la pelle et la pioche des travailleurs.

VIII.

Journée du 2 au 3 juin. — Interruption des communications. — Envahissement des environs de Tours. — Résistance des inondés envers les sauveteurs. — Symptômes de la crue à Saumur.

La capitale épouvantée recevait de rares nouvelles de la plupart des points envahis par les eaux ; de certains autres il n'arrivait plus rien ; les communications, le fil électrique lui-même ne pouvaient plus fonctionner.

On l'a vu, par l'effet des inondations, plus de cinquante départements de la France ont été privés pendant plusieurs jours de communications avec la capitale ; le service des postes a été désorganisé ; le commerce a dû suspendre ses expéditions ; des milliers de voyageurs ont été retenus par force majeure loin de leurs affaires ; ce sont autant de pertes à ajouter à l'immense désastre qui afflige le pays, et dont nous sommes loin d'avoir enregistré tous les sinistres.

Le désespoir qui s'était emparé des esprits se retrouve dans ces quatre lignes, écrites d'Orléans :

« *Journée du lundi* 2. — Il n'y a plus rien à faire ; les habitants de Lorris, de Montereau, de Vieilles-Maisons arrivent en masse. Plus de trois cents étrangers se trouvent sur le rivage, pêle-mêle avec nos pauvres inondés. Ils nous disent qu'on entendait le fléau sur la place de Lorris, distante de seize kilomètres. »

Après être restée durant quatre heures stationnaire à 5 m. 53, la Loire reprit, vers huit heures du matin, son mouvement ascensionnel. L'arrivée de la crue de l'Allier produisit cette recrudescence.

Le fleuve, chargé d'écume et de limon, ce qui est un signe in-

variable de croissance, et charriant d'innombrables débris, s'éleva
bientôt jusqu'à 7 m. 10 à l'échelle du pont, c'est-à-dire trente centimètres de plus qu'en 1846.

Tout à coup une baisse de 10 centimètres se manifesta, et bientôt
le niveau descendit à 6 m. 80. C'était l'effet de la rupture de la levée
de la Loire, qui venait d'être emportée à Jargeau, et qui, en déversant
une immense masse d'eau dans le Val, produisait immédiatement
de la baisse en aval.

A la nouvelle de la rupture de la digue de Jargeau, MM. le préfet
du Loiret, le commandant de gendarmerie, le commissaire central,
et M. Delaître, ingénieur, se sont transportés à Olivet. Etant montés sur une barque en face de la propriété de M. de Montereymard,
ils ont côtoyé les bords de la rive gauche du Loiret, longeant les
propriétés submergées de MM. Hême, Roblot et Delaunay, jusqu'à
la propriété de M. de Portalis, receveur général, et sont revenus par
la Mouillère, naviguant par dessus des champs de pois et des vignes.

Le spectacle qui s'offrit à leurs regards pendant cette pérégrination
était celui d'une nappe d'eau revêtant sur une vaste étendue toute
la largeur du Val, c'est-à-dire plus de 2,000 m. de Saint-Cyr (Source)
à la Loire.

Cette nappe de la Loire venant de Jargeau et passant derrière, en
s'étendant à gauche par la pente naturelle de Darvoy après avoir
couvert toute la plaine jusqu'à Sandillon, marchait sur le Loiret
avec un flux moins rapide qu'en 1846, et y opérait sa jonction par
son déversement dans la petite rivière du Duy.

A huit heures et demie, l'on apprenait que cette réunion s'était
effectuée dans le faubourg Saint-Marceau.

Durant la nuit, l'eau qui interceptait à cet endroit la route d'Olivet à Orléans arrivait sur l'avenue un peu en avant du clocher de
l'église.

Il n'est pas inutile de rappeler, comme point de comparaison,
qu'en 1846, la rupture des levées se fit, entr'autres à Saint-Denis et
à Sandillon, c'est-à-dire à 10 ou 12 kilom, d'Orléans, tandis qu'aujourd'hui nous l'avons eue à Jargeau, à plus de 20 kilom. de distance.

Beaucoup de cultivateurs du Val, avec leurs troupeaux, arrivaient
se réfugier à l'évêché, au grand séminaire, à Saint-Euverte, etc.

Les bas quartiers étaient submergés. On comptait jusqu'à six et
sept pieds d'eau dans les habitations. On portait des vivres en barque
aux habitants.

Ce n'est pas seulement dans les bas quartiers de la ville et dans

PARIS. — Typographie LACOUR, rue Soufflot. 18.

les rues inondées, près des quais, que les maisons s'écroulaient et
menaçaient ruine. — Circonstance particulière et curieuse, des habitations étaient lézardées jusque dans les quartiers les plus élevés
d'Orléans et les plus à l'abri en apparence de l'action des eaux.

Les environs de Tours partageaient les dévastations dont nous
avons donné plus haut une esquisse. D'après l'autorisation du préfet,
M. le baron Luchaire mit en réquisition un bateau à vapeur qui, de-

Les gendarmes, à cheval et à la nage, ramènent des femmes et des enfants.

puis deux ans, stationnait au pont de la Motte. Immédiatement, des
marins, sous les yeux de M. Porcherot, chef du dépôt du chemin de
fer, se disposèrent à faire fonctionner sa machine alors hors de
service.

Ce bateau étant parti à trois heures du matin, on commença le
sauvetage des communes entre le pont Napoléon-Bonaparte, de
Tours, et celui de Cinq-Mars. Les désastres, sur toutes ces rives,

étaient incalculables. Dans bien des endroits, les mariniers furent
obligés de percer les toits des maisons pour en retirer les habitants,
dont le nombre était tellement grand, qu'il serait difficile d'en
donner le chiffre exact.

Pour opérer le sauvetage dans la varenne située entre le Cher et
la Loire, on passa, par-dessus la levée de cette dernière rivière, plusieurs barques que le bateau à vapeur traînait à saremorque. Ces
barques, conduites par des mariniers adroits et intelligents, allèrent
chercher les victimes attendant sur leurs toitures que les hommes
courageux épargnés par l'inondation vinssent à leur secours.

Dans une des maisons qui paraissait plus solide et plus haute
haute que les autres, quelques familles s'étaient refugiées sous les
combles. Ce ne fut qu'au moyen d'une longue échelle, trouvée heureusement dans ces parages, qu'on parvint à sauver ces malheureux.
Parmi eux étaient six enfants, dont quatre au berceau, le plus jeune
n'ayant que neuf jours.

Malgré les exhortations des chefs de l'équipage du bateau, croirait-on que plusieurs individus, refusant les secours qui leur étaient
apportés avec tant de succès, s'obstinèrent à ne pas quitter leurs
toitures menacées. Moins attachés à la vie qu'à ce qu'ils possédaient,
ils déclarèrent qu'ils aimeraient mieux mourir que d'abandonner
ce que l'inondation avait épargné. Bien plus, un vieillard que l'on
venait prendre dans son habitation, où il était resté seul, s'arma d'un
couteau dont il menaça les mariniers qui voulaient l'arracher à une
mort certaine. Grâce pourtant aux conseils que lui adressa un conducteur des ponts-et-chaussés, cet homme se décida à se laisser em-
mener. Une femme, faisant une résistance moins dramatique, per-
sista également à rester dans le dernier refuge qui peut-être allait
s'écrouler sur elle. Menacée de se voir garrotter pour être sauvée
malgré elle, cette femme consentit à descendre dans la toue, mais à
la condition qu'elle prendrait avec elle quinze lapins qu'elle ne
pouvait se résoudre à abandonner.

Cette crue dépassait en ce moment celle de 1711.

Le régiment de cavalerie qui était en garnison à Tours, fut obligé
de battre en retraite devant l'inondation qui avait envahi les casernes. Heureusement un propriétaire des environs de la ville offrit son
château, situé sur une hauteur, et ses vastes écuries à nos braves
soldats. Le régiment alla camper chez cet honorable propriétaire.

L'Allier dévastait ses bords. Vichy et Montluçon n'étaient plus littéralement que de vastes nappes d'eau.

A Gien, à cinq heures, la levée avait déjà crevé en deux endroits.

Le pont suspendu de Sully était emporté, la route d'Orléans à Gien interceptée.

On sonnait le tocsin la veille dans les communes du Val; les habitants émigraient, et à ce moment, le fleuve était loin d'être au point où il est monté le 2 juin. La nuit avait été terrible et pleine de désastres.

En aval d'Orléans, du côté de Saint-Pryvé, tous les jardins maraîchers protégés par la levée furent d'abord envahis par les infiltrations. Puis l'eau franchit la crète des levées. Quant aux propriétés situées entre la levée et la Loire, elles se trouvaient dans l'eau jusqu'au sommet des arbres.

A l'Ile-Arrault, vis-à-vis le chemin des Moines, quarante mètres de levées furent emportés et toutes les propriétés aussitôt envahies par les eaux.

L'inondation n'était plus seulement sur tout le littoral de la Loire : elle était dans l'Allier, dans le Cher, partout. La circulation était complètement interrompue sur le chemin du Centre. Aucun convoi, voyageurs ou marchandise, ne marchait plus. Aucun billet n'était délivré à partir d'Orléans. Tous les voyageurs du Centre, Clermont. Bourges ou Châteauroux, se voyaient bloqués entre Paris et Orléans. Le matin, l'eau de la Loire déferlait par les ouvertures circulaires du viaduc de Vierzon.

Dès cette journée du lundi, la ville de Saumur pressentait une catastrophe, dont nous aurons tout à l'heure à décrire les suites. La Loire y grossissait avec une rapidité sans égale; le mardi, dans la soirée, elle atteignait, à l'échelle du pont Cessart, 6 m. 70 c.; — c'était la hauteur de 1843. — L'inquiétude et l'agitation étaient au comble. — A chaque instant on entendait répéter les nouvelles les plus alarmantes : les digues menaçaient de tous côtés, en amont, en aval de Saumur; les levées du Thouet n'étaient ni assez solides ni assez élevées. — Tous ces récits qu'enfantait la frayeur, jetaient la consternation et la mort dans tous les esprits.

IX

Journée du 3 juin au 4. — Rupture des levées de la Loire à Amboise. — Une locomotive dans les flots. — Train de chemin de fer, pris entre deux ruptures de la voie. — Mort de l'abbé Portheau.

Le matin se levait sur de nouveaux désastres, et venait confirmer les rumeurs les plus navrantes apportées dans la soirée et pendant la nuit, et que l'on espérait encore être exagérées.

Ainsi la rupture des levées de la Loire à Amboise, dont la nouvelle avait vaguement circulé à Orléans et de là à Paris, était un
fait hors de doute, et l'on commençait à connaître quelques-unes
de ses plus désolantes conséquences, c'est-à-dire d'immenses désastres.

On avait espéré aussi maintenir la levée de Montlouis, où l'on
avait envoyé comme renfort aux travailleurs qui la consolidaient
200 jeunes gens de la colonie de Mettray. Cet espoir, hélas! fut
trompé; la levée creva, ainsi qu'on l'a vu.

Parti le mardi matin, dès qu'il eut appris que la situation était menaçante du côté d'Amboise. M. de la Taille, inspecteur principal de
la ligne, arrivait bientôt, avec son train, près de la gare de cette
ville, accompagné de M. Ratel et de M. Rabusson, inspecteurs ordinaires. A ce moment on travaillait à force, à quelques centaines de
mètres de là, à consolider la levée de la Loire, prête à être emportée. M. de la Taille descendit du convoi, dont la locomotive roulait
dans l'eau et dont les roues se mouvaient comme celles d'un bateau
à vapeur, et s'approcha de la levée pour prendre part à la direction
des travaux. A peine y était-il que la digue fut crevée, livrant passage aux eaux furieuses du fleuve.

La situation était terrible. Les trois inspecteurs se précipitant vers
la gare, purent à peine, l'eau les gagnant, rejoindre cet abri. Mais la
gare ne tada pas à être envahie; le premier étage fut submergé, et
M. de la Taille dut se réfugier avec ses compagnons sur le toit de
l'édifice. La Loire mugissait partout autour d'eux; le bâtiment de la
gare des marchandises s'effondrait sous ses yeux, et pour mettre le
comble à cette horrible situation, la nuit survenait!

D'un autre côté, le conducteur et le mécanicien du train spécial
s'étaient hissés sur le dôme de leur machine, et là, à demi plongés
dans l'eau, n'avaient plus d'espoir de salut qu'en la résistance de la
masse de 40,000 kilogrammes sur laquelle ils étaient montés. La nuit
se passa dans cette situation affreuse. Enfin, vers trois heures du
matin, on les aperçut et on vint en barque à leur secours. Le mécanicien et le chauffeur purent également être sauvés. M. de la Taille,
ainsi que MM. Ratel et Rabusson, gagnèrent Amboise, en traversant les ponts, et se dirigèrent sur Orléans par Montrichard.

Les voyageurs purent donc tous rentrer à Orléans, après un parcours, on pourrait presque dire une navigation des plus intrépides.

Par suite de la rupture de la levée de la Loire, sur la rive droite,
entre Noisay et Vernon, la ligne du chemin de fer restait envahie

sur une certaine hauteur, et toute cette plaine fertile était couverte d'une immense nappe d'eau au delà de Vouvray.

Une lieue plus bas, et environ deux kilomètres avant Tours, la levée de la Loire de la rive gauche avait également été emportée entre Montlouis et Tours, en face de Rochecorbon; la voie ferrée était aussi coupée à cet endroit. Par cette trouée, le Loire allait rejoindre les eaux gonflées du Cher.

On était certain à Orléans que tous les habitants du rivage de la Loire, dans la commune d'Ouzouer, étaient en lieu de sûreté. Seulement on avait des craintes sur le sort de plusieurs personnes renfermées au château de l'Orme. Avaient-elles des vivres, n'avaient-elles pas été victimes du fléau? Aussi, malgré le danger qu'offrait le trajet à cause des arbres, du torrent et des brèches, M. le maire d'Ouzouer, le brigadier et le régisseur de cette propriété s'y transportèrent et apportèrent aux inondés les provisions nécessaires.

A Ouzouer, les levées étaient rompues à la Loche, à la Bastille et aux trous de Baune, sur une longueur de cinq cents mètres.

A cinq heures et demie du matin, la Loire, après être descendue de 6 m. 50 à 6 m. 20, restait stationnaire à ce chiffre depuis plus de trois heures.

M. Didion, directeur de la compagnie d'Orléans, était bloqué, avec trois trains, aux abords de Mont-Louis, la voie étant coupée devant lui sur Tours et derrière lui sur Amboise.

Les convois de Paris et d'Orléans n'allaient plus que jusqu'à Blois. Toute expédition sur Nantes et Bordeaux était suspendue.

Le chemin de fer du centre était emporté, au-delà du pont de Vierzon, depuis la commune de Saint-Jean-le-Blanc jusqu'à celle de Saint-Cyr, sur une étendue de 3 à 5 kilomètres. Le télégraphe électrique était détruit.

Il entrait en gare, par le convoi de marchandises venant de Paris, 40 mariniers de la Seine et 10 barques envoyées à Orléans comme secours, par M. le ministre de l'intérieur, pour aider au sauvetage des inondés.

Nous avons à placer ici une catastrophe dramatique survenue au pont d'Olivet.

Le Loiret, en cet endroit, présentait l'aspect du désordre et de la désolation. On voyait à peine surgir, au niveau des eaux tumultueuses de la rivière démesurément élargie, la cime des arbres. Il n'y avait plus de rivage. Tous ces bords fleuris et bordés de saules qui, à cette époque de l'année, offrent une vue si pittoresque étaient submergés sous une eau jaunâtre et limoneuse agitée par des courants. On n'opérait plus la traversée qu'avec de grandes difficultés.

Une barque conduite par M. Théodore Guérin, l'un des meilleurs et des plus intrépides nageurs d'Olivet, avait pris cinq personnes, dont deux ecclésiastiques, M. Portheau, curé de Lion-en-Sullias, et M. Fortépaule, jeune prêtre du diocèse d'Orléans, récemment ordonné. Les passagers ne songèrent pas à prendre le large, et, sans se douter du danger, longèrent le pont, tout en causant avec leurs parents et leurs amis qui se trouvaient au parapet du pont. Tout à coup la barque est entraînée par un courant. Théodore Guérin veut avec son aviron retenir l'embarcation. Ses efforts sont vains, l'eau les attire vers un gouffre formé par l'arche du pont, qui n'a guère qu'un pied d'ouverture entre le cintre et l'eau : la barque chavire, et les cinq personnes sont précipitées dans la rivière.

La foule était nombreuse sur le pont. Un cri d'épouvante s'échappe de toutes les poitrines, et l'on voit bientôt de l'autre côté du pont les cinq naufragés se débattre dans les flots. Le courant qui les avait engloutis les ramène à la surface : ils crient, ils luttent et après des efforts désespérés, leurs mains saisissent les branches des saules qui pointent au-dessus des eaux. Mais sur ce faible point d'appui, la situation de ces malheureux était encore plus périlleuse. On s'empresse de toutes parts, un sauvetage s'improvise; on jette des cordes aux naufragés. L'oncle de M. Portheau se précipite dans une barque, mais la frêle embarcation manque d'avirons, et ce sont des hommes de plus en péril. Une nouvelle barque, retenue par des cordes, est dirigée par M. Asseline, commissaire de police d'Olivet, qui, depuis trois jours, se dévoue au sauvetage avec son intrépidité d'ancien zouave; la barque arrive aux malheureux qui se débattent contre la violence du courant. On les sauve. Cette fois encore le brave Caboche était là !

Mais l'un d'eux avait disparu. C'était le jeune desservant de Lion-en-Sullias. Cet infortuné, qui avait été appelé par un de ses collègues à l'aider dans son ministère, avait voulu embrasser sa famille avant de retourner dans sa paroisse. M. le curé d'Olivet, accouru un des premiers, reçoit dans ses bras son collègue évanoui, mais un autre lui manque, et toutes ses recherches sont inutiles. On n'a pas encore retrouvé le corps de ce malheureux prêtre. Il était debout dans la barque au moment où elle a chaviré. On présume qu'il aura été frappé à la tête par l'arche du pont, et que la violence du choc aura paralysé ses mouvements, car il était bon nageur, et aurait pu se sauver.

Les autres victimes de cet accident, Guérin, Barrué fils et le troisième, dont le nom nous échappe, en ont été quittes pour des contusions plus ou moins graves. M. l'abbé Fortépaule a pu dire le lendemain à Olivet sa messe d'actions de grâces.

X.

Journée du 4 au 5. — Mouvement de la Loire. — Elle se retire d'Orléans. — Sa violence en aval. — Blois. — Saumur. — Episodes. — Envahissement des campagnes.

En présence des désastres qui s'accumulent et des scènes de ruine et de désolation qui navrent tous les cœurs, le premier sentiment qui surgit dans l'âme après celui de la tristesse est celui de la charité.

Il est impossible encore en ce moment de mesurer l'étendue et la profondeur de la catastrophe, mais on a malheureusement dès maintenant la certitude douloureuse que les pertes sont immenses et qu'elles dépasseront de beaucoup celles si cruelles pourtant du mois d'octobre 1846.

A cette époque, en effet, les récoltes étaient rentrées; c'est à peine si quelques terres étaient ensemencées, et le fléau n'a généralement sévi que sur des campagnes nues.

Il n'en est, hélas! pas de même aujourd'hui! Toutes les récoltes sont sur pied, et l'inondation actuelle, avec ses proportions effrayantes, n'est rien moins que leur anéantissement complet. Sous ce rapport, les pertes matérielles seront bien plus énormes, et plus d'un fermier, plus d'un pauvre cultivateur trouvera la ruine chez lui après le retrait des eaux.

A Orléans, le 4, la Loire, qui faisait naître ces réflexions, décroissait sensiblement, quoiqu'avec une certaine lenteur. Elle était à 4 m. 10 c., c'était 2 mètres de baisse depuis le lundi.

Les quais se dégageaient; ceux de la Recouvrance et de l'Entrepôt étaient complètement libres.

La baisse continuait dans le Val.

Un grand nombre de personnes étaient montées sur la plate-forme de la Tour-de-Ville et au sommet des tours de Sainte-Croix pour contempler de là, à l'aide de longues-vues, le terrible tableau que présentait au loin la vallée de la Loire.

Du reste, sans le secours de la lunette, l'œil embrassait distinctement une vaste étendue de pays, et on apercevait au loin, comme au milieu d'un lac, la masse noire de Notre-Dame de Cléry.

L'aspect du Val, recouvert d'eau à perte de vue, était navrant, en songeant surtout que sous cette immense nappe d'eau gisaient anéanties des vignes, des récoltes de toute nature!

Après la rupture de la levée de la Loire à Marmain, les eaux, s'avançant avec une rapidité furieuse, arrivèrent à Jargeau avant que les habitants aient eu le temps de prendre toutes leurs précautions. Un maître de poste, M. Giraud, perdit une partie de ses chevaux.

La première irruption faite, les eaux s'avancèrent plus lentement, comme la mer au moment de ses grandes marées.

Une fois la jonction de la Loire avec le Loiret opérée, le niveau des eaux s'établit dans le Val, mais bientôt des courants destructeurs se manifestèrent dans différentes directions. Un des plus violents était celui qui traversait l'extrémité de l'avenue Dauphine.

Saint-Mesmin était complétement submergé et ses usines remplies d'eau.

Les nouvelles de Gien annonçaient que la Loire baissait depuis la matinée du 2 juin. Elle avait atteint, là comme à Orléans, une hauteur supérieure à celle de 1846.

Trois cents personnes arrêtées dans leur voyage étaient bloquées à Olivet, où elles attendaient que les eaux, en se retirant, leur permissent de se rendre à leur destination.

Tandis que les eaux descendaient avec lenteur d'Orléans, elles portaient leurs ravages avec une rage nouvelle et sans exemple sur d'autres contrées.

Blois se voyait atteint par le fléau, et le 4, tous les quartiers bas de la ville étaient sous l'eau. L'étendue des quais était couverte et ne pouvait être suivie qu'en chaloupe; il était des rues où l'eau entrait au premier étage des maisons : la crue de 1846, presque aussi élevée, n'avait pas occasionné de semblables ravages.

La veille, sur les deux heures, les eaux avaient tout-à-coup baissé de 25 à 30 centimètres. Ce n'était que le présage de la rupture d'une digue, en amont, qui plus tard devait accroître les désastres.

En effet, la levée avait été emportée à la hauteur de Montivault et les eaux, envahissant la vallée de Saint Claude et celle de Vineuil, venaient se précipiter sur le faubourg de Vienne. Dans le même moment, un barrage sur la route de Saint-Gervais était également emporté, les abords des Ponts Chartrains disparaissaient aussi et une énorme masse d'eau venait furieusement envahir le faubourg de Vienne.

Les désastres s'annonçaient immenses et de tous côtés venaient des nouvelles accablantes : Menars, Saint-Denis et la Chaussée avaient vu les digues de la rive droite se rompre sous la pression du fleuve qui entraînait tout. La rive gauche en amont (Vienne excepté) était couverte entièrement d'une immense nappe d'eau; les vals de

Le digne pasteur travaillant à la digue du bourg de la Chapelle.

Saint-Claude, Vineuil, Saint-Gervais, Chailles et Candé entièremen inondés, et dans certaine partie le torrent renversait des maison arrachait des arbres qu'il roulait et broyait jusqu'à ce qu'enfin la destruction fût complète. Sur toute la longueur du Mail, le parape ne faisait plus rempart à l'eau dont le niveau était à la hauteur du lit du fleuve. L'hôtel de la Mairie n'était plus accessible que par un service de bateaux; les dépôts de bois de marine, les traverses destinées aux chemins de fer soulevées du port vinrent s'engouffrer sous les arches ou se dresser sur les piles du pont; des bateaux de sapins et un bateau lavoir se broyaient sous les yeux des spectateurs atterrés, quatre arches des deux extrémités du pont s'obstruaient, les eaux se refoulaient encore et augmentaient les angoisses, de tous côtés on travaillait à la réparation des digues, sous la surveillance active des autorités.

Enfin, ce ne sont plus seulement les bas quartiers qui sont submergés, l'eau envahit jusqu'à la Poissonnerie. Mais grâce aux soins apportés, on a réussi à sauver toute la population du faubourg. Le dévoûment des habitants égale leur ardeur, et si un malheur plus grand doit encore arriver, il faudra s'incliner devant cette force invincible contre laquelle le génie de l'homme ne peut rien. Chacun aura fait son devoir en cette malheureuse circonstance.

Saumur était moins heureux encore. Le danger pressenti depuis deux jours devenait imminent. Grâce à l'activité et l'intelligence déployées par tous les employés des ponts-et-chaussées, les levées avaient tenu bon partout; mais on n'était pas sauvé pour cela de l'inondation. On avait malheureusement oublié, — et qui n'oublie pas en pareille occurrence ! — on avait oublié de murer deux ouvertures, donnant sur le chemin de halage : l'eau s'engouffrait par là et venait se briser sur une maison qui fait l'angle de la rue de la Fidélité et de la rue de la Petite-Bilange. Tout le quartier Saint-Nicolas fut inondé d'autant plus vite que la Loire, plus haute que le quai Saint-Nicolas, y déversait ses eaux torrentielles. Le quai de Limoges tout entier était également envahi, de sorte que les rues Saint-Jean, de la Tonnelle, du Puits-Neuf, et toutes celles qui sont plus basses, devinrent bientôt de vastes lacs traversés de courants dangereux.

On établit promptement un service de bateaux, et tous les habitants purent se procurer les choses nécessaires à la vie.

La ville en fut quitte pour quelques heures de captivité; dès la soirée, les eaux baissèrent dans les rues avec une très grande rapidité, et laissèrent quelques passages libres. La Loire baissait aussi dans son lit, et cette baisse subite jeta l'épouvante dans l'esprit de beaucoup de personnes. — On pressentait quelque grand malheur en amont. Ces pressentiments devinrent bientôt une affreuse réalité. — On apprit, en effet, dans la soirée, qu'une rupture de plus de 200 mètres avait eu lieu à la Chapelle-sur-Loire, que le fleuve avait renversé les maisons, détruit les plus belles, les plus riches récoltes, entraînant avec lui des centaines de millions. — Le torrent avançait à pas de géant dans la vallée; il couvrait de ses flots torrentiels

Chouzé, Bourgueil, et allait successivement envahir tout ce val magnifique qui s'étend de la Chapelle à Angers.

Le jeudi, à quatre heures du matin, les eaux avaient traversé la route de Saumur au Mans.

Sans perdre un instant, l'autorité civile et l'autorité militaire organisèrent, sur une vaste échelle, un service de sauvetage. — Plus de cent bateaux, montés par des mariniers expérimentés, allaient arracher au torrent les malheureux fermiers, qui, pour appeler au secours, tiraient sans cesse des coups de fusil.

Qui pourrait dire les scènes d'horreur et de destruction de ces affreuses journées ? Qui se figurera cette innombrable population effarée, hommes, femmes, enfants, les uns terrifiés, les autres étouffant dans les larmes et les sanglots, emportant quelques parties de leur mobilier, et fuyant en toute hâte devant une masse d'eau qui les menaçait, disaient-ils, *comme un mur de six pieds d'élévation.* Qui dira l'anxiété de ces femmes, de ces vieillards, refugiés sur les toits de leur chaumière ébranlée, attendant une mort horrible, inévitable ?

Les animaux, effrayés par le roulement des eaux, fuyaient en poussant des cris épouvantables ; les bœufs, les vaches disparaissaient entraînés par le torrent qui les devançait.

A chaque instant les chaumières en pisé, les maisons en tuffeaux s'affaissant sous les eaux venaient ajouter encore à la désolation. Non, jamais si horrible spectacle n'avait désolé nos contrées.— Les plus grandes inondations d'autrefois, celles dont l'histoire nous a conservé le souvenir, n'ont jamais eu ce caractère de désolation générale.

Le cœur était navré, et l'on ne pouvait retenir ses larmes en parcourant la levée de la Loire depuis la Chapelle jusqu'aux Rosiers. — Les malheureux inondés bivouaquaient pêle-mêle, hommes, femmes, enfants, avec leurs animaux qui manquaient de fourrages.

Une tristesse profonde se lisait sur la figure de ces pauvres gens amaigris par trois jours d'une souffrance morale que rien ne peut rendre.

A Saumur, le jeudi matin, c'était même spectacle, les pauvres fermiers voisins de la ville avaient attaché leur bétail dans les rues, sur les places, partout. — Dans la soirée, l'autorité militaire s'empressa d'offrir les écuries de l'École, et les habitants recueillirent dans leurs maisons un grand nombre des victimes du désastre.

Toute la journée, au fur et à mesure que les *toues* amenaient les inondés à la Croix-Verte, les ecclésiastiques de la ville et les sœurs de charité leur distribuaient, au nom de l'autorité, tous les secours possibles en pain, viande et vin.

Dans la journée du mercredi, la Ménitié avait été évacuée par tous ses habitants, et l'abbé Robineau, curé de cette commune, se distinguait par sa conduite énergique. La Loire croissait avec une telle violence qu'elle atteignit les banquettes de la route. Ces dernières défenses, il faut le dire, très imparfaitement réparées en 1848, s'éboulèrent au premier contact des vagues, et l'eau passa par dessus. A cet aspect effrayant une panique indicible s'empara des travailleurs, et le fatal sauve qui peut se fit entendre. M. le curé arrivait en cet instant critique. Il se jeta au devant des fugitifs, les conjurant par tout ce qu'ils avaient de plus sacré de tenter un dernier effort. Il parvint ainsi à en ramener quelques-uns, et courut chercher une voile qu'ils appliquèrent du côté de la Loire sur la brèche qui s'ouvrait déjà menaçante. M. le maire arriva avec du renfort. Tous ensemble ils démolissent une masure, en prennent les tuffeaux qu'ils placèrent dans le vide des banquettes, en les garnissant avec du fumier, et grâce à ce travail exécuté avec autant de hardiesse que de présence d'esprit, la levée en cet endroit, le plus faible de son étendue dans le pays, fut sauvée, et des maux incalculables furent évités.

Voici, d'après un spectateur qui dans cette journée avait parcouru toute la ligne du chemin de fer de Tours jusqu'à l'interruption à Savennières, les renseignements les plus positifs sur l'état des levées dans cette partie du cours de la Loire.

Le matin, avant cinq heures, deux cents terrassiers, arrivés la veille de Saint-Nazaire, partaient de la gare d'Angers, sous les ordres d'un ingénieur, dans la direction de Tours. Partout il trouva la levée couverte de travailleurs, et néanmoins on le suppliait de laisser quelques-uns de ces hommes pour aider à conjurer l'imminence des désastres. L'émotion était très vive au-dessous de Saumur, mais au-dessus c'était bien autre chose encore. La levée disparaissait littéralement sous la foule de tous les riverains qui se hâtaient avec un véritable acharnement de fortifier leur seul rempart contre le fleuve immense qui s'étendait, comme une mer, à quelques lignes de leurs pieds. Il était aussi majestueux, mais aussi terrible que ces fleuves du nouveau monde qui entraînent dans leurs cours rapide et leurs eaux profondes des arbres et jusqu'à des îles entières.

Partout le tocsin sonnait, les maires avec leurs écharpes, les curés, la pioche en main, prêchaient d'exemple tous ces malheureux, qui eussent été épuisés par un labeur continu de quarante-huit heures, s'ils n'avaient été surexcités par la fièvre de l'inquiétude et l'attente de voir s'abîmer d'une minute à l'autre tous leurs biens, toutes leurs espérances.

Mais le fleuve, montant toujours, ne pouvait plus être contenu dans les barrières que lui opposait, malgré ses redoublements d'énergie, l'impuissance humaine. On prévoyait l'irruption sans que l'on devinât le lieu choisi pour la catastrophe, lorsque soudain on entendit comme un coup de tonnerre vers Bréhemont, sur la rive gauche. C'était la levée qui crevait. Une cascade prodigieuse se précipita par la brèche, et l'on vit une multitude éperdue s'enfuir en poussant des cris navrants de détresse. En quelques instants, une des plus fertiles vallées de la France fut couverte d'une nappe immense, et sa surface, naguère si riante et si verte, se confondit avec les eaux vaseuses du fleuve.

A ce spectacle de désolation, les habitants de la rive droite semblèrent perdre tout courage; les bras tombèrent exténués par cette lutte sans récompense, et l'on s'apprêtait à quitter un champ de bataille impossible à défendre, lorsque tout à coup retentirent des cris inattendus : « La Loire baisse, la Loire baisse à Tours! » Les têtes se relèvent, on reprend les outils salutaires, les chefs spirituels et temporels des communes, comme de dignes généraux au point critique de la mêlée, encouragent les efforts suprêmes. On se remet à travailler avec rage, avec une lueur d'espoir, bien faible sans doute, mais qui s'agrandit à mesure que tant de générosité, que tant de dévoûment se déploient avec plus d'ardeur, et surtout quand on croit voir le fléau s'arrêter dans ses effrayants progrès, puis s'abaisser peu à peu, docile à la main de celui qui peut lui dire : Tu n'iras pas plus loin.

Malheureusement, cet espoir d'une baisse n'était qu'une illusion.

La Maine avait crû la nuit plus qu'elle ne l'avait fait encore. Elle était le matin à 5 m. 46, en hausse de 70 centimètres depuis vingt-quatre heures, et refoulée avec violence et couverte de monceaux d'écume, indices trop certains des ravages de la Loire.

L'eau envahissait les bas quartiers d'Angers, elle pénétrait dans les parties inférieures des usines près de la rivière; les dépêches télégraphiques annonçaient les progrès de la crue.

On annonçait la rupture de la levée de la Chapelle, amont de Saumur. Aux Ponts-de-Cé, la Loire croissait toujours. Elle était à 5 m 40. La petite ville était envahie, et les habitants consternés.

IX.

Journée du 5 au 6. — Situation d'Orléans, de Jargeau et des localités riveraines. — Blois. — Tours. — Saumur. — Angers. — Sauvetages héroïques. — Invasion des Ardoisières de Trélazé. — La famille du zouave. — Les quatre hussards d'Angers.

La matinée du 5 amenait à Orléans la constatation de la baisse continue des eaux, mais en même temps celle d'accidents nombreux et graves survenus durant la nuit, tant dans la ville même que dans les environs. Depuis le département de la Nièvre, jusqu'à celui de Loir-et-Cher, sur une étendue de plus de 100 kilom., le Val de la Loire était dévasté.

Le travail souterrain des eaux refoulées par le débordement continuait à se manifester sur plusieurs points. Rue Royale, en face de la rue d'Avignon, une excavation s'était produite. Ce fontis menaçait de s'étendre dans un périmètre de 2 mètres et n'avait pas moins de 1 mètre de profondeur.

Les poteaux du télégraphe ayant été renversés sur la ligne du Centre, l'administration eut recours à un moyen des plus ingénieux ; elle fit enduire de gutta-percha les fils submergés, et établit ainsi un télégraphe *sous-marin* sur la ligne du Centre.

A Jargeau, la moitié du pays était encore dans l'eau. Dix à douze charrettes, attachées l'une à l'autre, servaient de pont pour aller de l'intérieur au faubourg du Berri.

Le pavé de la ville avait été soulevé par les eaux; des excavations se produisaient de toutes parts. Des murs entiers étaient renversés en vingt endroits différents. Une partie de la caserne de gendarmerie était écroulée, et les rues couvertes de débris de meubles et de marchandises. Le pain étant venu à manquer, des communes voisines en firent parvenir avec beaucoup de peine.

Tout était tellement ensablé que sur un parcours de plusieurs kilomètres, les ingénieurs ne pouvaient plus retrouver la route de Sully et d'Orléans. Il fallut, pour la découvrir, se livrer à des fouilles profondes comme s'il se fût agi de retrouver les traces d'une vieille voie romaine. Tout le pays était en effet complétement méconnaissable, et les habitants de Jargeau eux-mêmes auraient peine, dans ce chaos, à retrouver l'emplacement de certaines maisons disparues.

A Saint-Benoît, dit un témoin oculaire, des maisons emportées, des terrains, et les meilleurs du pays, corrodés et ensablés, des vignes déracinées, des récoltes de toute nature, notre avenir et notre espérance tout cela est détruit : il n'y a pas une lueur d'espoir à conserver de ce côté là ! Les blés les plus épargnés commencent à pourrir ; le mal est à son comble.

On lira avec un attachant intérêt les renseignements suivants sur les désastres d'Ecures et d'Onzain.

Parmi les parties de la rive gauche les plus affectées dans les environs de Blois, il faut sans contredit placer le village d'Ecures, près duquel se trouvait, peu auparavant, car elle n'existe plus, la station d'Onzain.

La digue a été emportée d'un bloc dans une longueur de 200 mètres environ, et les eaux, se précipitant avec l'impétuosité que leur donnait une masse de cinq à six mètres d'élévation, ont envahi tout le val, se répandant ainsi jusqu'à Onzain, à deux kilomètres de distance.

De tout le village, composé de trente-deux feux, il ne reste plus à l'heure où nous écrivons, qu'une seule auberge. La caserne de gendarmerie, les autres auberges et toutes les habitations, quoique solidement construites, et sur le revers de la levée opposée au fleuve, ne présentent plus que des décombres. Sébastopol, labouré par la puissante artillerie qui le bombardait, n'offrait pas assurément, à la fin du siége, une plus désolante ruine que ce pauvre village après quelques instants de l'inondation. La station d'Onzain, dans la plaine, au tiers du chemin d'Ecures à cette commune, a participé à cette destruction. On ne pouvait, à la date du 4 ou 5, s'en approcher à plus de cinq ou six cents mètres. On annonçait trois victimes : un homme dans la force de l'âge, une femme plus âgée et un enfant.

La commune de Veuves, à cinq kilomètres de distance, était probablement dans une situation non moins triste.

Nous n'avons pas épuisé le récit des désastres de Tours, où l'eau, favorisée par la rupture des levées, persistait à séjourner, et se trouvait encore, six jours plus tard, le 11 juin, à 2 m. 75 c. ; et aux Ponts de Cé à 4 m. 14.

Le *Journal d'Indre-et-Loire* envahi dans ses ateliers avait été forcé de suspendre sa publication. Plusieurs maisons sapées par les eaux s'écroulaient, tandis que d'autres menaçaient ruine.

Il y avait six ou huit pieds d'eau au collége de Saint-Louis. Un père de famille étant allé chercher son fils, dut monter en bateau au pont du Cher, sur l'avenue du Grandmont, et s'avança ainsi au milieu des plus grands dangers jusque dans la rue Saint-Etienne. Il passa par-dessus la grille de fer qui entoure l'embarcadère. Le viaduc du chemin de fer de Nantes à l'avenue de Grandmont était détruit. La levée du canal avait cédé en trois endroits ; sans cet accident, peut-être le pont suspendu aurait-il été précipité sur le pont de pierre ; et qu'en serait-il arrivé ? Les pauvres carmélites, qui ne voulaient pas sortir de leur communauté, furent emmenées à l'archevêché par des soldats qui les sauvèrent par-dessus les murs. A Marmoutiers, les religieuses avaient jusqu'à douze pieds d'eau dans leur maison. Elles ne purent se réfugier au château de Rougemont, sur la côte, qu'en sortant par les fenêtres du premier étage. La campagne était perdue.

Un sauvetage vraiment merveilleux fut accompli par le docteur Gazeaux, quelques instants après que la rupture de la levée du canal eût fait pénétrer les eaux furieuses à travers les rues de la ville.

Une maison, à la Porte-de-Fer, chancelle sur sa base, la façade entière s'écroule, et quinze personnes, y compris des enfants, vont être englouties dans le torrent formé par l'inondation. Les plus intrépides reculent ; mais Gazeaux, bien connu dans la ville par sa résolution, arrive ; il décide un marinier à l'aider, un gendarme se joint à eux, et le courageux sauveteur, attaché par une corde à la barque, plonge dans le gouffre, s'y établit, et n'en sort qu'après avoir arraché à une mort certaine quinze des infortunés qui comptaient sur son dévoûment. Les dangers courus par M. Gazeaux sont inexprimables, car en même temps qu'il luttait contre un torrent furieux qui le précipita plusieurs fois dans les décombres, il opérait ce sauvetage, sans exemple jusqu'à ce jour, au milieu des pierres et des poutres qui tombaient à ses côtés, sans jamais l'atteindre. Une fois entre autres, la corde qui lui ceignait le corps fut prise autour de son cou, il n'en entraîna pas moins jusqu'à la barque, dans cette périlleuse position, son précieux fardeau.

A Vernon, M. de B... passait en bateau au-dessus du portail de sa maison.

A la Chapelle-sur-Loire, sept lieues de la levée étaient emportées.

Parmi les villes les plus cruellement éprouvées on cite la Chapelle-Blanche, dans le département d'Indre-et-Loire. Le courant était tellement violent que le bourg fut emporté comme à Jargeau. Le cimetière, qui se trouvait sur le parcours du torrent, fut horriblement fouillé. Après le retrait des eaux, on trouva des squelettes arrêtés dans les arbres.

Le notaire a perdu 25,000 fr. et toutes les minutes de son étude.

Le bourg de la Chapelle commençait à s'engloutir peu à peu, les maisons disparaissaient successivement. L'épouvantable fleuve se

creusait, dans cette vallée si riche de toute récolte, un nouveau lit
d'une profondeur incalculable. Toutes les habitations de la campagne étaient entraînées dans l'immense torrent dont l'œil ne pouvait mesurer l'étendue.

Les pauvres cultivateurs arrachés à l'inondation apparaissaient
dispersés, quelques-uns sur le coteau et le plus grand nombre sur
la levée, couchés sur la terre mouillée par la pluie qui tombait

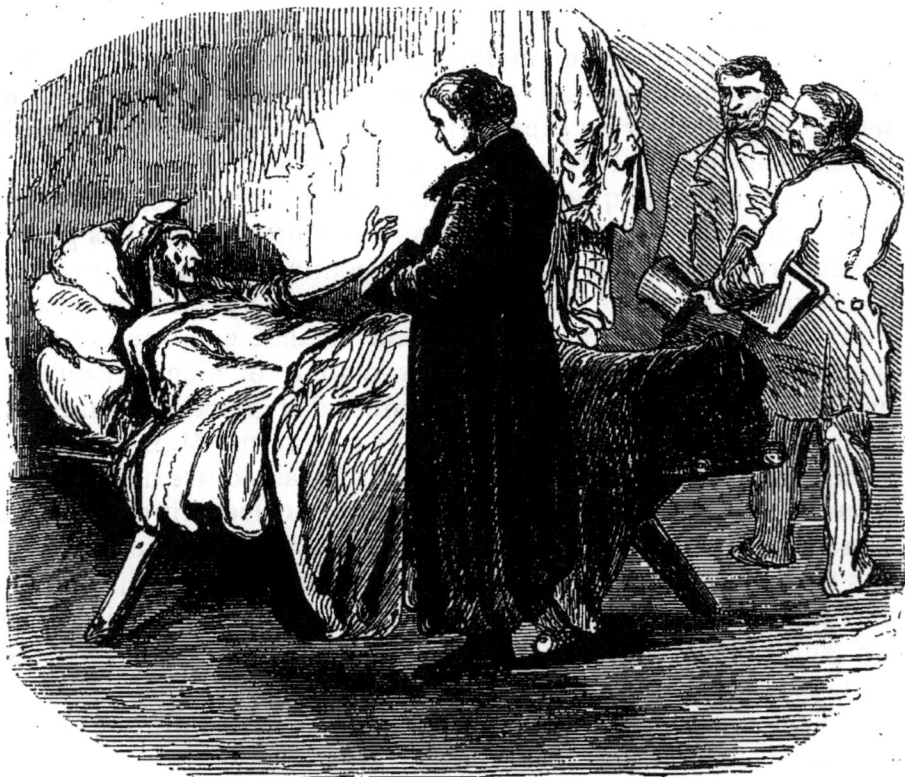

Mon père, dit le malade, donnez mes vêtements, ils serviront à quelque inondé !

sans relâche, sans pain, sans abri, sans linge. Abattus par la douleur la plus profonde, ils ne se relèvent que pour donner des
soins à leurs enfants et à leurs animaux ; leurs yeux ne s'ouvrent
que pour voir l'affreux spectacle des flots courroucés qui entraînent
à peu près tout ce qu'ils possédaient. Riches et pauvres ne sont
plus qu'une association de misères et de ruines !...

Nous inscrivons sommairement, parmi les plus éprouvées, les communes de Châteauneuf-sur-Loire, où les levées avaient crevé à trois endroits différents ; Châtillon où les levées du canal étaient détruites sur plusieurs points ; Gien, où les murs de la fabrique de faïence s'étaient écroulés, ainsi que ceux de presque toutes les maisons des jardiniers. Il y avait 2 mètres d'eau dans la halle et dans les maisons du quai ; Sandillon, où les murs du cimetière furent renversés par le courant de l'inondation ; Sully-sur-Loire, où la culée du pont du côté de Saint-Père fut enlevée, et où le tablier flottait comme un énorme radeau ; Saint-Benoît, où l'inondation se précipita comme une trombe.

Il faudrait prendre la carte de la Loire, en relever les noms de tous les villages et bourgs qui s'asseoient sur ses rives, pour donner une nomenclature complète des localités affligées ; mais le spectacle le plus affreux était celui du village de Saint-Père découvert par la chute de la culée et de ses abords ; on voyait les maisons s'écrouler une à une.

A Saumur, l'école de cavalerie avait dû être évacuée. L'eau dépassait de 10 mètres les baraques des gardiens du chemin de fer. La ville manquait de pain, et cependant, des communes de Chouzé, de la Chapelle, de Savigny, du Brencour, on lui dépêchait des exprès pour lui demander des subsistances, les habitants se trouvant absolument sans ressources.

Des mesures de prudence avaient décidé les chefs à envoyer leurs élèves en cantonnement à Beaufort. Mais durant le trajet, l'inondation ayant bientôt gagné la vallée, un élan sublime d'héroïsme entraîna les nobles jeunes gens qui, n'écoutant que leur dévoûment, s'élancèrent au milieu des flots avec leurs chevaux, et sauvèrent, au péril de leur vie, des vieillards, des femmes, des enfants.

Ici doit se placer le récit d'un des plus formidables épisodes de cette journée, l'invasion des ardoisières de Trélazé, près d'Angers. Laissons parler un témoin oculaire, le rédacteur de l'*Union :*

« Le malheur que l'on redoutait a eu lieu sans qu'aucune force humaine ait pu le prévenir ou du moins l'atténuer. Nos magnifiques carrières d'ardoises sont inondées aujourd'hui, et l'infiltration des eaux a tellement affouillé et bouleversé le sol que l'on a cru devoir, par mesure de précaution, en interdire l'approche aux curieux. Samedi, on pouvait les visiter encore. Déjà le plus grand nombre des puits étaient submergés, et la Loire venait seulement d'envahir celui des Petits-Carreaux. A une grande distance, et longtemps avant de l'apercevoir, on entendait mugir le torrent. Nous étions partis d'Angers, au nombre de cinq ou six, dans le but d'explorer les carrières que l'on nous avait dit être comblées déjà depuis plusieurs heures. Quand nous eûmes gravi les monticules qui entourent celles des Petits-Carreaux, un spectacle bien douloureux sans doute, mais d'une grandeur et d'une majesté incomparables, s'offrit à nos regards. La Loire se précipitait dans la carrière d'une hauteur de cent pieds, et la nappe d'eau, bondissant sur les aspérités du roc, ressemblait à une immense traînée de poussière et d'écume. Des bruits sourds, des craquements intérieurs se mêlaient au roulement de la cataracte; le sol tremblait sous nos pas.

« Autour de l'ouverture du gouffre on voyait de minute en minute se former de longues fissures qui s'élargissaient à vue d'œil. Il était évident que les masses énormes de schiste cédaient à la pression du fleuve, et ne tarderaient pas à rouler dans l'abîme. On fit retirer les groupes qui se pressaient sur le bord même de la carrière sans comprendre quels dangers ils couraient. Nous fûmes nous placer sur une éminence en face de la partie qui menaçait ruine. Au bout de quelques instants une crevasse perpendiculaire ouvrit le rocher du bas en haut. Des perreyeurs, attirés comme nous par la nouveauté de cette terrible scène de destruction, nous avertirent que le bloc allait se détacher. Il y eut un moment d'attente inexprimable où l'émotion semblait nous clouer sur le sol. Un dernier craquement se fit entendre. Nous vîmes alors un quartier de roche haut de soixante pieds peut-être et d'une grosseur prodigieuse se pencher lentement au-dessus du gouffre. Le poids incalculable de ce géant de pierre l'affermissait sur sa base et retardait sa chute. Une ou deux secondes s'écoulèrent ainsi. Des nombreux spectateurs qui entouraient la carrière pas un ne proférait une parole; on respirait à peine, tout le monde était muet de stupeur.

« Rien ne saurait peindre au reste l'effet de cette épouvantable chute. Une gerbe colossale, dont le périmètre embrassait toute l'étendue de la carrière, s'élança du fond de l'abîme et jaillit jusqu'au sommet. Le cœur nous battait avec force, et nous nous reculâmes involontairement de quelques pas. L'agitation des eaux était effrayante. Les vagues se ruaient les unes sur les autres et venaient arracher à des hauteurs extraordinaires les échelles appliquées aux flancs du rocher. D'autres chutes se succédèrent à quelques minutes d'intervalle, et nous nous reprochions les cris d'admiration que ce sublime et incomparable spectacle nous arrachait malgré nous. »

Pour compléter ce tableau terrible, quelques mots encore, empruntés à un autre publiciste, M. Louis Tavernier :

« La Porée fut comblée la première, les eaux gagnèrent ensuite l'Ermitage, enfin elles arrivèrent jusqu'au pied des buttes qui entourent les Grands-Carreaux.

« Là, en face des obstacles accumulés par la science et le dévoûment, elles semblèrent redoubler de rage, s'élevèrent avec une rapidité prodigieuse, et bientôt la foule, qui garnissait les autres bords de l'immense ouverture, fut saisie d'une horrible admiration à la vue de ce fleuve furieux qui, surmontant la dernière crête des remparts qu'on lui opposait, décrivit une courbe immense et s'engouffra dans l'abîme, en broyant comme paille les quartiers de roc qui dépassaient les parois, et en retentissant comme le plus formidable des tonnerres.

« Il a suffi de quelques instants pour remplir jusqu'aux bords ce gouffre de 200 pieds, large comme le Champ-de-Mars et profond comme une cathédrale est haute, pour anéantir cette œuvre merveilleuse, fruit de tant de labeurs et de sollicitude. Au bruit de la chute d'une cataracte telle que n'en a jamais vu même le nouveau monde, se mêlaient des sifflements lugubres et comme désespérés. Ils venaient du puits des galeries dont la porte de communication avec la carrière avait été réduite en poussière au premier contact du fleuve dans sa chute. Le sol oscilla comme par un tremblement de terre quand le torrent s'engouffra dans les galeries avec une sorte de joie furieuse, et tous les spectateurs épouvantés se retirèrent à la hâte, car ce n'était plus que folie de braver ces convulsions de la nature et ces éléments déchaînés.

« On se retirait, mais le cœur navré, en répétant les épisodes désolants de la catastrophe qui arrache le travail à des milliers de braves ouvriers, dont les derniers efforts pour vaincre un ennemi invincible ont été admirables.

« On se lamentait surtout sur la ruine momentanée, nous y comptons bien, de ces Grands-Carreaux, l'orgueil de nos perreyeurs, que les étrangers visitaient avec tant d'intérêt. A la nouvelle de l'immersion de ces chantiers d'une magnifique exploitation, il n'y a eu qu'un cri dans notre ville, celui d'une sincère affliction et d'une profonde sympathie pour nos carrières, dont nous étions si fiers à juste titre, car cette industrie traditionnelle, la plus considérable de notre pays, est intimement liée aux sentiments angevins. »

En cette circonstance encore, l'humanité trouve sa consolation dans le dévoûment, et l'héroïsme est le côté providentiel de quelques incidents. Au moment où les flots envahissaient Trélazé, deux vieillards travaillaient dans leur modeste chaumière, ne se doutant pas du péril qui frappait à leur seuil. Ils étaient absorbés, sans doute, en des réflexions bien tristes, mais d'un autre ordre. Leur fils, parti pour l'Orient, n'avait pas donné de ses nouvelles depuis la prise de Sébastopol... Tout à coup leur porte s'ouvre : — C'est moi ! c'est moi ! s'écrie un jeune soldat à la figure martiale. Les vieillards lèvent la tête, cette voix les a émus jusqu'au fond des entrailles. — Eh quoi ! ne reconnaissez-vous pas votre fils ! — Un zouave ! s'écrie le père en se jetant à son cou et en se disputant ses caresses avec la mère. — Oui, un zouave, qui vient vous conserver ce qu'il tient de vous, la vie !... Écoutez !...

Le flot arrivait mugissant, battant en brèche les murs de la pauvre habitation.—Allons, fiez-vous à moi, dit-il ; et saisissant sa mère d'abord, il traverse avec elle l'océan qui s'agite en tous sens et creuse des gouffres effroyables sous ses efforts. N'importe, il a la foi, il n'est pas revenu de si loin pour échouer au port ; et deux fois faisant le trajet, il a la joie de mettre en lieu sûr les vieillards, auxquels il permet alors de s'abandonner aux transports de leur bonheur.

C'est encore ici le cas de signaler la conduite de quatre hussards de la garnison d'Angers, auxquels l'Empereur voulut adresser lui-même, le lendemain, ses félicitations. A l'heure de l'invasion, Chevalier aperçoit à une fenêtre d'une maison inondée une vieille femme. Il abandonne son cheval, se jette dans le torrent et ramène cette femme, qui paraissait vouée à une mort certaine. Crap est présent à l'écroulement de la digue de Trélazé ; une femme qui porte son enfant dans ses bras va être entraînée. Il pousse son cheval dans le flot, saisit d'abord l'enfant qu'il pose sur sa selle, fait saisir son étrier par la mère et les sauve tous deux. Chambaraud, brigadier, au même moment, se trouve à côté de deux ouvriers en péril ; lui-même il a de la peine à résister au courant ; n'importe ! Il tend la main à l'un des ouvriers, se fait prendre la jambe par l'autre et parvient à se sauver avec eux. Verrier, lui, a du cœur et du sang-froid. Il porte une dépêche sur la levée de Belle-Poule. Son cheval s'enfonce dans un creux où il y a plus de deux mètres d'eau. Verrier quitte la selle, porte les rênes à sa bouche, se met à la nage, regagne le chemin en traînant son cheval, et continue sa route pour remplir sa mission. Ce n'est pas tout. A son arrivée, on lui donne une bouteille de vin. Vous croyez qu'il va la boire ? Non ; c'est à son cheval qu'il songe d'abord et il verse tout le contenu de la bouteille dans le gosier de son fidèle compagnon.

X.

Journée du 6 au 7. — Journées des 8, 9 et 10 juin. — Situation de Trélazé.
— La Basse-Loire. — Nantes. — Rupture de la Divate. — Un enfant mort
de peur.

Le parcours d'Angers à Nantes était l'objet d'une surveillance attentive, car on avait le pressentiment que les eaux qui grossissaient énormément en aval, à mesure que le haut pays se dégageait, amèneraient des malheurs. On annonçait le 6, à Nantes, qu'à 1 heure 35 du soir les eaux, qui avaient pris la direction des vallées de la Loire par suite de la rupture de la levée à la Chapelle, au-dessus de Saumur, arrivaient par l'Authion avec une grande violence sur la ville des Ponts-de-Cé. L'inquiétude était extrême.

A Nantes, la Loire était stationnaire depuis le 5 juin, dix heures du matin, à 5 mètres 50 centimètres. La plupart des usines, dans les bas quartiers étaient inondées, et les travaux suspendus. Les chantiers de constructions avaient aussi suspendu leurs travaux par suite de la submersion.

A Indret, les ateliers de forge était envahis, l'atelier de menuiserie était déménagé. La chaussée qui conduit à la Montagne était sous l'eau.

A la Basse-Indre, à Roche-Maurice et à Trentemoult, toutes les maisons situées près du fleuve étaient baignées, et les plus menacées déménagées. Le quartier de la chaussée de la Madeleine et la rue des Olivettes donnait des inquiétudes assez sérieuses par suite de la submersion de la prairie de la Madeleine. Les eaux venaient battre avec force contre les murs et, ne trouvant pas d'issue, faisaient courir le plus grand danger aux maisons et aux habitants. Un mur de soutènement, élevé dernièrement sur la prairie de l'Hôtel-Dieu, était emporté sur une très grande longueur.

Le vent, soufflant du nord-est avec assez de force, contribuait beaucoup à chasser les grandes eaux.

Malheureusement, le fléau n'avait pas dit son dernier mot. Angers était douloureusement ému du passage de voitures des carrières remplies de vieillards et de femmes malades qui venaient des pays inondés et que l'on conduisait dans les hospices, où, grâce au zèle des administrateurs et des employés, ils trouvaient les secours que méritait leur triste position.

Le soir, le samedi 7, un grand nombre de témoins assistaient à la submersion des Petits-Carreaux, qui suivaient fatalement le sort de leurs malheureux voisins, les Grands-Carreaux. Ce fut également un spectacle d'une magnifique horreur, quand le torrent s'engouffra dans cette belle carrière, entraînant dans sa chute furieuse des arbres, des meules de foin et d'énormes quartiers de roc. Tout ce qui était suspendu sur l'abîme fut broyé et précipité en un instant, rapide comme l'éclair, au bruit d'un tonnerre formidable.

Les souffrances de Trélazé étaient incroyables. Pour en donner une idée, un ouvrier avait une sœur mariée à un perreyeur des Petits-Carreaux. Sans nouvelles du pauvre ménage, il entreprend d'aller en chercher lui-même. Au risque de se noyer ou de se casser le cou, il escalade des fossés, court sur la crête des murs et parvient à la maison qui a son rez-de-chaussée plein d'eau et dont son beau-frère occupe l'unique chambre au-dessus. Là il trouve douze personnes entassées, dans un air fétide, et affamées. Depuis deux jours, elles n'avaient eu à partager qu'un pain de trois livres apporté courageusement par le curé. Il n'avait pu donner davantage, c'était son dernier. La jeune femme cherchait à calmer un petit enfant qui jetait les hauts cris ; le saisissement et la privation de nourriture avaient tari le lait de sa mère.

Il n'y a rien à ajouter à un pareil tableau.

Le pays offrait un aspect déchirant : une localité cernée de toutes part, la route du Mans et celle de Tours également interceptées, vingt lieues de longueur sur une largeur moyenne de deux lieues recouvertes de trois à quatre mètres d'eau ! la population réfugiée sur les collines formées par les débris d'ardoises, seuls restes de ces magnifiques exploitations. Deux mille personnes poussant des cris lamentables ; deux mille personnes, y compris les femmes et les enfants, sans asile et sans pain sur un seul point ! et la Loire (cette seconde Loire) montant toujours, cherchant quelque part une issue ! Un instant elle se précipite vers Angers avec furie, et l'on se vit menacé d'une inondation de la Loire dans une localité située à cent pieds au moins au-dessus de son niveau des Ponts-de-Cé. On annonce une crue de trois pieds dans le nouveau fleuve. On parlait de couper la grande route de Paris, pour que les eaux, s'écoulant dans la Sarthe, au-dessus d'Angers, menacent moins les Ponts-de-Cé. Se figure-t-on la Loire se déversant dans la Sarthe ! Ce fait seul peut donner une idée de l'inondation : un fleuve immense se précipitant à travers champs dans une course désordonnée, sans savoir où il va, et renversant tout sur son passage.

Le 8, à l'exception d'une dépêche de Nantes, toutes les nouvelles du matin étaient unanimes pour nous faire prévoir la prompte disparition du fléau. La Loire, le Loiret, le Cher, leurs affluents éprouvaient une baisse sensible et continue.

Mais les dépêches de Nantes, comme nous le disions, étaient moins bonnes. Une dépêche apprenait qu'une nouvelle crue de 33 centimètres s'était manifestée au moment où l'on s'y attendait le moins et où tout donnait l'espoir que le danger était passé.

Le lundi 9, les autorités étaient rentrées à Nantes, pleines de confiance dans les mesures qu'elles avaient prises et dans les grands et persistants travaux accomplis à la levée de la Divate, lorsqu'elles apprirent que les eaux montaient de nouveau, et que l'on éprouvait des craintes sérieuses pour la levée, qui paraissait prête à céder en plusieurs points. Le préfet se rendit sur les lieux du sinistre, après avoir réuni, avec une activité extraordinaire, tous les moyens de sauvetage que pouvaient rendre nécessaires de tristes conjectures. A dix heures du soir, la Divate était rompue sur une longueur de 40 à 50 mètres.

A l'arrivée du préfet à Saint-Julien (onze heures et demie), la vallée était déjà inondée, toute communication était interrompue entre le bourg et la Chebuette. L'eau s'avançait avec une effrayante rapidité et couvrait le chemin à la hauteur de plus d'un mètre. Tout le monde était sur pied, et on s'empressait d'enlever les meubles de toutes les maisons sur la limite de la vallée.

Le désastre était immense. Plus de 2,600 hectares de terres labourées et de prairies se trouvaient envahis, un grand nombre de maisons renversées, beaucoup de familles ruinées.

La chaussée d'Ambreil tenait bon. En prévision du sinistre, des travaux de consolidation y avaient été entrepris, et l'on espérait sérieusement, grâce à elle, sauver tout le val de Haute-Goulaine, c'est-à-dire quelque chose comme mille hectares de terrain,

Parmi les communes les plus éprouvées par ce sinistre, nous citerons la Chapelle-Basse-Mer et Saint-Julien.

On parlait dans le pays de quinze à dix-huit maisons renversées près Saint-Simon. On citait la mort d'un enfant, âgé de huit à dix ans, foudroyé par la peur.

L'eau s'étendait lentement dans toute la vallée. Elle touchait à deux heures le bas du bourg de Saint-Julien.

La recrudescence de la Loire n'a pas eu à Nantes des suites aussi graves qu'on pouvait le craindre. L'eau a envahi les quais du port Maillard et tous les bas quartiers, mais les habitants ont pu être sauvés et l'on n'a pas eu de perte de personnes à déplorer.

Paris. — Impr. Lacour, rue Soufflot, 18.

Enfin, dès le 9 dans la nuit, la baisse se déclara sérieusement, et l'on put entrevoir le terme de tant d'afflictions.

A Nantes, l'eau se retira peu à peu des quartiers inondés, en laissant un limon épais. Malheureusement, la rupture de la Divate ayant eu pour effet l'inondation de toute la vallée de Saint-Julien, c'est près de 3,000 hectares de terre dont les récoltes se sont trouvées perdues, sans compter les désastres subis par les habitations.

Le tambour L'Hermoyé saisit le vieillard et s'élança avec lui dans l'eau.

Avant d'en finir avec la Loire, dont nous n'avons que bien insuffisamment encore décrit les ravages, reportons-nous à l'invasion des environs de Gien, pour en consigner un des épisodes.

Un courrier était arrivé dans cette ville, apportant la nouvelle que des cris de détresse se faisaient entendre du côté de la ferme des Bordelais, à deux lieues en aval sur la levée de la Loire. Les secours devenaient urgents sur ce point, et il y avait évidemment là de grands malheurs à prévenir.

La nuit était sombre ; la Loire inondait tout le val du Berri et entraînait dans ses eaux furieuses tout ce qu'elle rencontrait sur son passage. Les mariniers les plus intrépides, auxquels on s'adressa, refusèrent de se lancer au milieu de ce torrent chargé d'épaves de toutes sortes.

A trois heures, une nouvelle dépêche vint annoncer que les habitants de la ferme, avec leurs bestiaux, étaient cernés sur un point de la levée, et allaient être d'un instant à l'autre entraînés par l'inondation. Il n'y avait plus à hésiter. M. Maîtrejean, procureur impérial, et son substitut, M. Guille-Desbuttes, se jetèrent dans une barque qui fut conduite par les sieurs Henri Chapuis, Bourgoing et Picot fils, qu'ils avaient décidés à partager les périls qu'ils allaient braver. On prit le milieu du lit de la Loire, et, après une demi-heure de lutte, la barque arriva à la ferme des Bordelais.

Là, un spectacle épouvantable s'offrit aux regards des cinq intrépides sauveteurs. Les habitants de la ferme et leurs bestiaux étaient groupés sur un espace de dix mètres de longueur et d'un mètre de largeur : cinq femmes et trois enfants s'étaient réfugiés sur les solives du grenier que l'eau avait envahies, et tous poussaient des cris déchirants en voyant l'eau les gagner peu à peu. Encore quelques minutes, et leur mort était inévitable.

On prit dans la barque les femmes et les enfants ; on laissa des vivres aux hommes réfugiés sur la jetée, et la barque reprit le chemin de Gien à travers les champs et les bois inondés. Grâce à la force et au courage des trois intrépides mariniers, après avoir failli mille fois se briser contre des arbres, contre des murs de jardin non encore abattus, la barque surmonta tous les obstacles et rentra à Gien, où elle déposa en sûreté les femmes et les enfants qu'elle était allé arracher à une mort certaine.

XI.

L'ISÈRE.

Causes atmosphériques de l'inondation. — Journées des 29, 30 et 31 mai. — Rupture des digues. — Destruction des ponts. — 200 communes ravagées. — 600 maisons écroulées. — Terrains envahis par les roches et les sables. — Débordement des affluents, la Romanche, la Roisonne, la Bonne, la Marranne, l'Olle et le Prémol.

La crue extraordinaire des rivières et des cours d'eau, pendant la soirée du 29 et la journée du 30 mai faisaient pressentir, dans les localités riveraines de l'Isère, des malheurs qui ne tardèrent pas à se réaliser. Les pluies torrentielles ayant redoublé dans la soirée du 30 et durant la nuit, amenèrent une inondation plus générale et plus terrible encore que celles de 1840 et de 1816. L'Isère, la Romanche et la Bourbre s'élevèrent rapidement à un niveau qu'elles n'avaient pas atteint depuis près d'un siècle.

Depuis plusieurs jours, un vent chaud soufflant du sud-ouest avait ramolli les neiges qui couvraient les sommets, et les pluies diluviennes dont nous venons de parler, ayant déterminé la fonte sur toutes les montagnes, en quelques heures, les ruisseaux et les torrents crurent d'une manière prodigieuse.

Dans la vallée de l'Isère, en amont et en aval de Grenoble, depuis la frontière de la Savoie jusqu'aux abords de la Drôme, de larges brèches s'ouvrant dans les digues, livrèrent passage aux eaux, et l'immense et magnifique plaine du Graisivaudan, couverte de riches et abondantes récoltes, fut submergée en quelques moments et transformée en un lac tumultueux. La rupture des digues du Touvet et de Crolles fut comme un signal, l'endiguement de Frogues ne put résister, et celui de Domène se vit bientôt emporté. Sur ce dernier point, et par un surcroît de calamité, le torrent de Domène rompit ses berges, en sorte que les propriétés furent doublement envahies. Le ruisseau de Gières se précipita, renversant des murs et inondant une énorme étendue de terrain. Les digues de Meylan seules purent résister. En aval de Grenoble, le mal était encore plus grand ; Les digues du Fontanil, de Voreppe, de Moirans, furent rompues, et l'irruption eut lieu d'une manière terrible. A Saint-Robert, la Vence faisait une trouée dans les travaux de défense destinés à la contenir.

Dans la journée du 29, l'Isère s'était déjà élevée de plus d'un mètre, le lendemain, à sept heures du matin, elle marquait 3 mètres au-dessus de l'étiage, et 3 mètres 40 dans la soirée ; le 31, à midi, elle atteignait 3 mètres 80, et dépassait de 40 centimètres la limite de son élévation en 1840 ; enfin, de 10 heures du soir à minuit, elle montait jusqu'à 4 mètres au-dessus de l'étiage, c'est-à-dire 15 centimètres de plus qu'en 1816.

Pendant cette crue, le Drac surmontait ses digues et menaçait d'une manière effrayante toute la plaine de Grenoble ; mais l'interruption de la pluie, dans la nuit du 30 au 31, le fit rapidement décroître. Il n'en fut pas de même malheureusement de l'Isère, de la Romanche et des autres cours d'eau.

Les efforts désespérés des populations et des troupes sous la direction de l'autorité et des ingénieurs, étaient presque partout impuissants à résister à l'envahissement des eaux. De tous côtés, on entendait des cris de terreur et de détresse, auxquels se mêlait le bruit du tocsin, qui sonnait dans toutes les églises pour implorer du secours.

Dans la soirée du 30, la ferme-école de Saint-Robert fut totalement submergée, et l'eau se précipitait dans les maisons du Fontanil jusqu'à la hauteur du premier étage. Les malheureux habitants étaient obligés de se réfugier sur les toits et sur les arbres, en attendant que des hommes dévoués allassent les recueillir dans des barques exposées à tout instant à chavirer.

A Sassenage, M. le curé Biron, le garde-champêtre Micoud et le chef de la brigade parvinrent avec un courage au-dessus de tout éloge, à arracher une famille entière à la mort. Malheureusement, ces efforts généreux ne furent pas toujours couronnés de succès, et c'est ainsi qu'à Chantesse, huit personnes périrent sous les décombres d'une maison écroulée, sans qu'on pût arriver jusqu'à elles.

On voyait disparaître, battues en brèche par les flots, dans la commune du Bouchage, cent quatre-vingt-six maisons, c'est-à-dire la presque totalité des constructions de cette malheureuse commune, dont les habitants sans pain durent se réfugier à Morestel. A Brangues et dans le bas des Avenières, quarante maisons furent renversées ; l'étendue du désastre était au-dessus du tableau qu'on en pourrait présenter.

A Virieu, dans les journées du 29 et du 30 mai, la vallée de la Bourbre n'offrait qu'un vaste lac, et le torrent de Vaugelas, qui traverse le bourg, après avoir entraîné dans son cours des vignes et des bois, comblait l'ouverture de ses ponts et se répandait dans les rues, dont toutes les maisons étaient envahies.

La crûe de l'Isère et des torrents avait fait disparaître, le 30 mai, sous une couche de vase, la moitié de la magnifique plaine de Tullins. Quarante maisons, détrempées par les eaux, s'affaissèrent et les habitants n'eurent que le temps de s'enfuir, en laissant engloutir ce qu'ils possédaient.

Les vieillards les plus âgés de Poliénas ne se souvenaient pas d'avoir vu une inondation comparable à celle qui frappait leur commune. En quelques moments, les maisons submergées jusqu'au premier étage, et 650 hectares de terrain changés en lac.

Au val Jouffrey, les deux tiers des propriétés furent ravagées par les torrents qui tombaient avec furie des glaciers échauffés par le vent du midi, brisant huit ponts et passerelles. Jamais la fonte des neiges n'avait atteint un pareil niveau.

La commune de Cessieu fut entièrement, complétement dévastée ; les vignes emportées, les prairies couvertes de graviers. Vingt-deux maisons s'écroulèrent, sans qu'on pût sauver aucun objet mobilier. Deux beaux ponts détruits ; la Bourbre et l'Yen avaient renversé toutes leurs berges. Les lits de ces deux cours d'eau, encombrés d'arbres et de pierres, déversaient encore sur les champs de la plaine, huit jours après.

A Marcilloles, vingt-sept maisons subissaient le sort commun et de nombreuses familles, entièrement ruinées, se voyaient réduites à la misère la plus extrême.

Dans la plaine d'Oissans on comptait dix-sept villages ensevelis ; toutes les terres étaient dans l'eau. Un nouveau pont récemment construit entre les villages de Sarret et Pont-Escoffier, avait été emporté.

Dans les parties du territoire exposées directement aux débordements et à l'invasion des eaux, le mal arriva à son comble et la misère des habitants atteignit sa plus extrême limite ; l'inondation s'y compliqua même d'accidents dont on ne peut encore apprécier le résultat. Indépendamment des routes et des chemins défoncés de toutes parts, ce ne sont plus seulement les torrents ordinaires ou les ruisseaux qui, dans ce cataclysme diluvien, ont été détournés partiellement de leurs cours et précipités hors de leur lit naturel ; les plus grands cours d'eau eux-mêmes ont cédé à la pression extraordinaire exercée par la crûe des eaux. Ainsi, l'Isère, dont le lit s'est rempli avec rapidité d'une masse énorme de graviers entraînée par ses affluents, a bientôt déversé et établi, au dessous de sa jonction avec le Drac, plusieurs grands courants par les brèches ouvertes dans les digues des Glaireaux, de Cailletière, du bas Voreppe et de Moirans. Qu'on juge de l'état actuel des habitations, des propriétes et des récoltes, après avoir subi l'invasion de ce nouveau et redoutable fleuve ! Le même fait s'est également produit, quoique dans une proportion moins forte, en amont de Grenoble, où l'Isère s'est précipitée par diverses brèches dans les terres riveraines de la rive droite.

Quant aux scènes de destruction survenues dans l'arrondissement de la Tour-du-Pin, sur les bords du Rhône, qui pourrait les décrire et donner une idée exacte de l'effrayant spectacle que présentait cette immense nappe d'eau, cette mer sinistre croissant d'heure en heure, au milieu de laquelle on n'entendait que le bruit sourd des maisons qui s'écroulaient et les cris de détresse des populations éperdues, cherchant un abri et un refuge contre le fléau?

En somme, plus de 200 communes ravagées par l'inondation, 600 maisons écroulées ou détruites, plusieurs milliers d'ouvriers sans travail, plusieurs milliers d'habitants sans asile, un nombre considérable de cultivateurs et de petits propriétaires ruinés, d'abondantes récoltes perdues, anéanties, quatorze personnes tuées (une à l'Albenc, une au Bourg-d'Oisans, deux à la Tour-du-Pin, deux à Séchilienne, huit à Chantesse); tel était le bilan, dans le département de l'Isère, des journées des 29, 30 et 31 mai 1856.

Si tel était le tableau qu'offraient les rives de l'Isère, celui du parcours de la Romanche n'était pas moins triste. Quinze hameaux entiers étaient dans l'eau, qui recouvrait, à la hauteur de 1 mètre 50, une plaine de 800 hectares, les meilleures terres du pays. Les habitants s'étaient réfugiés sur les toits ou enfuis de leurs maisons. Six cents de ces malheureux n'avaient pas d'asile.

— A Séchilienne, deux maisons s'écroulaient et deux malheureux pères de famille trouvaient la mort sous les ruines. Nous avons en outre à constater sur cette route, rompue en plusieurs points, la destruction du beau pont du Dauphin, et la rupture complète de la voie entre Mizoën et le Freney, sur une longueur de plus de 1,200 mètres.

La digue de l'Infernay, sur la Romanche, fut emportée. Les eaux de ce torrent menaçaient encore à tel point, dans la journée du 2 juin, le village de Séchilienne, qu'il fallut y envoyer le secours des troupes pour concourir avec la population aux travaux de salut.

Le torrent la Roisonne, sorti de son lit, se jeta à travers les propriétés et y déposa d'énormes amoncellements de graviers et de détritus, qui frapperont pour longtemps de stérilité une étendue considérable des meilleurs terrains d'Oris-en-Rattier.

La Bonne et la Marsanne causaient des ravages encore plus étendus à Entraigues; elles couvrirent de graviers et de blocs de pierre un grand nombre de propriétés, renversèrent une maison, détruisirent les moyens de communication entre leurs rives, coupèrent les chemins, et emportèrent plusieurs ponts au Valbonnais.

L'eau d'Olle ayant rompu ses digues se jeta à Allemont sur les propriétés riveraines qu'elle ravina profondément et qu'elle couvrit d'amoncellements de graviers. Les ponts établis sur le Périment et la Poyat, dans la commune d'Ornon, n'existant plus, les habitants se trouvaient cernés dans leur territoire.

Le torrent de Prémol a également réduit à la misère plusieurs familles de Vaulnaveys-le-Bas, qui avaient déjà éprouvé de semblables sinistres en 1840 et 1852.

XII.

LA GARONNE.

Trois inondations en six semaines. — Le 31 mai. — Hauteur extraordinaire des eaux.
— Dévastation des campagnes.

Ce n'est pas seulement, comme la plupart des grands courants d'eau, à la fin de mai et dans les premiers jours de juin que la Garonne a exercé ses ravages. Cette année on a dû à ce fleuve trois inondations : la première le 15 avril, la seconde au 10, et la dernière au 31 mai, et ce n'est guère qu'à la date du 6 juin que sa retraite a été assez complète pour permettre d'apprécier l'étendue des sinistres.

De mémoire d'homme, la Garonne n'avait eu des crûes aussi répétées et aussi prolongées. L'inondation du milieu de mai a duré pendant douze jours, et elle était à peine rentrée dans son lit, quand les eaux ont débordé de nouveau le 30 mai. La crûe du Tarn du 31 mai est la plus forte qu'on ait vue depuis un grand nombre d'années; les eaux sont restées pendant plusieurs jours à sept mètres au-dessus de l'étiage au pont de Montauban. Cette crûe, coïncidant avec celle de la Garonne, a causé une inondation plus forte que celle de 1855 aux abords d'Agen. A Lamagistère, il y avait 9 m. 26 au-dessus de l'étiage.

Pendant que le Rhône et la Saône atteignaient à peine 5 à 6 mètres de hauteur extraordinaire, après seize années de tranquillité, la Garonne et ses affluents se jetaient sur les terres d'une hauteur de plus de neuf mètres!

Les courants, en s'établissant sur des terres détrempées, les ont ravinées dans tous les sens, et y ont creusé des bras nouveaux. Entre Toulouse et Agen, on compta neuf nouveaux bras, dont plusieurs subsisteront et formeront le lit principal de la Garonne.

Le pont suspendu de Très Cassès, près Castelsarrazin, a été renversé. L'une des piles s'est inclinée, le tablier s'est développé en éventail et reste suspendu sur l'abîme. Les grandes eaux l'atteignaient et le battaient avec fracas. La levée entre ce pont et Castelsarrazin était coupée, et le principal courant se dirigeait de ce côté pendant le débordement.

Toutes les maisons qui couvrent la vallée dans la commune de

Castelsarrazin ont été plus ou moins endommagées. Le hameau de Monestié n'existe plus, et dans la hâte de ces pauvres paysans, l'incendie est venu mêler ses désastres à ceux des eaux.

A Lamagistère, les eaux se sont introduites en tourbillon par une brèche du mur du quai et ont fait tomber une maison. Toute la ville a été inondée.

On voyait dans certaines anses, après la retraite des eaux, des monceaux d'arbres accumulés par les eaux et entraînés de manière à former de véritables barrages. Toutes les plantations qui faisaient la richesse de la vallée avaient été ravagées, les récoltes perdues.

Ce fléau a été d'autant plus terrible que les produits du sol faisaient concevoir de magnifiques espérances, et que l'on s'attendait à une abondante moisson sur les terres baignées par le fleuve. Le débordement de la deuxième semaine de mai est venu d'abord compromettre gravement et en quelques endroits détruire les jeunes blés et les autres récoltes. Trois semaines plus tard, le fleuve débordait encore, et cette fois ses eaux ont promené partout avec elles sur les deux rives la ruine et la désolation. Les métayers, dans plusieurs communes, se trouvent absolument sans ressources, et vont être encore à la charge des propriétaires, si du moins ceux-ci peuvent s'imposer ce lourd fardeau.

Dans l'arrondissement de Bordeaux vingt-six communes ont plus ou moins souffert du débordement; ce sont celles de Preignac, Barsac, Cérons, Podensac, Arbanats, Virelade, Portets, Castres, Beautiran, Ayguemorte, Ile-Saint-Georges, Cadaujac, Sainte-Croix-du-Mont, Loupiac, Cadillac, Béguey, Paillet, Rions, Langoiran, Le Tourne, Lestiac, Tabanac, Beaurech, Combes, Quinsac, La Tresne. On assure que la commune de l'Ile-Saint-Georges aurait à elle seule éprouvé pour près de 500,000 fr. de pertes.

Dans l'arrondissement de Bazas, les communes de Bassane, Barie, Castets-en-Dorthe, Saint-Pierre-de-Mont, Langon, Toulenne, Saint-Pardon-de-Conques, Castillon, Saint-Loubert et Puybarban, ont eu également beaucoup à souffrir du fléau. Enfin, dans l'arrondissement de La Réole, les communes atteintes par l'inondation sont celles de Lamothe-Landerron, Montgauzy, Saint-André-du-Garn, La Réole, Bourdelles, Gironde, Casseuil, Floudès, Caudrot, Saint-Martin-de-Sescas, Saint-Pierre d'Aurillac, Pian, Saint-Macaire et Saint-Mexant.

L'estimation des pertes entre Toulouse et Agen n'allait pas à moins de cinq millions.

PARIS. — Impr. LACOUR, rue Soufflot, 18.

XIII.

L'ALLIER. — L'INDRE. — LE LOT. — LA DURANCE.

Deux inondations successives. — Journées des 30 et 31 mai. — Ravages dans les campagnes. — Un village envahi de nuit.

L'Allier qui avait déjà occasionné des dommages dans la première quinzaine de mai, ressentit, comme les autres cours d'eau, l'in-

Napoléon portant secours et consolation aux inondés.

fluence funeste des pluies persistantes, et dans les derniers jours du mois se répandit avec violence sur ses bords.

Le 30 et le 31 furent ses plus rudes journées. Le pont de Saint-Germain qui relie les deux rives fut renversé, et sur ses onze arches, cinq seulement restèrent debout; en même temps les voies du chemin de fer étaient rompues et emportées à plusieurs endroits, et des ravins profonds sillonnaient le sol.

Dans la commune de Vesse, trois maisons étaient emportées par les eaux ; mais les habitants avaient pu les quitter et mettre leur bétail à l'abri. Dans la nuit du samedi au dimanche, l'eau avait envahi le petit village de Crevery, et les habitants avaient dû se réfugier sur le toit de leurs maisons. Leurs cris de détresse n'avaient pu être entendus de Vichy, et, de plus, il paraissait impossible de parvenir jusqu'à eux, lorsque MM. Paul Noilhat, Antoine Catterousse et Maurice Delaire, mariniers au Pont-du-Château, se dévouant, réussirent à sauver ces malheureux.

A Hauterive, le 1er juin, la rivière avait enlevé 18 mètres de terrains près de l'église, et continuait à produire des éboulements. L'on n'apercevait plus que le faîte de l'établissement de bains.

Le département du Puy-de-Dôme, dont une partie est baignée par l'Allier, se ressentait aussi du fléau. Sur tout ce parcours de la rivière, les récoltes étaient perdues. A Mezel, il produisait un accident d'une autre nature. La montagne qui domine ce pays, s'étant ouverte dans la nuit du 2 au 3, vint violemment intercepter tout passage à l'écoulement des eaux, et les forcer de se rejeter vers le village qu'elles menaçaient d'une destruction presque complète, et ce phénomène alla s'aggravant pendant cinq jours encore !

Les cours d'eau voisins produisaient en même temps leurs effets. Les ravages causés par le débordement de la Sioule ont été considérables. Ebreuil, Escrolles, Gannat, Saint-Germain-de-Salles, Barberier, Aubeterre, Bayet et Saint-Pourçain se sont vus littéralement sous l'eau. A Chantelles, la crue a dépassé d'un mètre celle qui avait eu lieu précédemment. Elle a emporté une partie du pont de bois, au pied du château, une maillerie à chanvre et plusieurs moulins.

Deux habitants de Bessay ont sauvé, le 31 mai, une famille de cinq personnes surprises dans une maison située au confluent de l'Allier et de l'Uzeray.

A Lurcy-Lévy, les eaux avaient, le 31 mai, emporté la chaussée du port de Veurdre, et envahi un grand nombre de maisons. La baisse de l'Allier avait commencé le 1er juin, à sept heures du matin.

Les communes de Gannat et de Saint-Martin étaient submergées, le 31 mai, sur une étendue de plus de moitié. M. Rocher, conducteur des ponts et chaussées, put sauver pendant la nuit du 31 mai, une quarantaine de personnes.

A Montluçon, le Cher avait emporté le pont de Presle.

Le Lot ayant débordé sur plusieurs points, les villes de Saint-Geniez et d'Espalion ont été en partie inondées, et ce débordement a

. causé dans tout son parcours des pertes incalculables. Partout, sur ses deux rives, on ne voyait que des murailles renversées, des arbres séculaires déracinés et emportés, des prairies et des champs qui naguère présentaient la plus belle apparence de récolte entièrement ensablés maintenant.

Le département du Cher n'a pas été plus épargné que ses voisins, par ce déplorable cataclysme. Atteint à la fois par les débordements du Cher, de l'Indre et de leurs affluents, il a ressenti des pertes considérables, qui aggravaient celles déjà subies dans la première moitié de mai. Tous les cours d'eau grands ou petits qui traversent ou baignent le département ont fait irruption à la suite d'une pluie torrentielle qui, trois jours et trois nuits, n'avait cessé de tomber avec une effrayante persistance. Dès le samedi 31, l'Auron gonflait avec rapidité, et le soir il se déversait de nouveau à Bourges dans la rue de la Chappe qu'il envahissait en partie, remplissant les caves d'eau; mais grâce à de prudentes mesures prescrites par l'autorité, bien que la crûe fût au moins aussi forte que celle du 11 mai, qui n'avait pas eu sa pareille depuis vingt ans, l'eau gagna moins avant dans la rue, tous les empellements ayant été levés, par ordre supérieur en aval de Bourges.

L'Yèvre accomplissait son mouvement ascensionnel un peu plus tard, selon son habitude, et dans l'après-midi du dimanche, la crûe atteignait le niveau de celle du 12 mai, c'est-à-dire que l'eau obstruait complétement deux des arcades du pont Saint-Privé. Ces deux crûes, selon le dire des vieillards du quartier, n'avaient pas eu leurs précédentes.

A Châteauroux et dans les localités baignées par l'Indre, on assistait également à une crûe nouvelle de cette rivière. Elle sortait de son lit pour la troisième fois dans un espace de temps très rapproché, et débordait sur toutes les parties basses de son entourage. Les rues du faubourg Saint-Christophe et une partie de la ville étaient atteintes.

Le 30 mai restera aussi comme une date funeste pour les riverains de la Durance, et surtout pour l'arrondissement d'Embrun. Quatre ponts emportés, la plaine changée en un vaste étang, des pertes incalculables, tel est le bilan de cette journée de deuil.

La crûe de la Dordogne, dont nous avons parlé plusieurs fois incidemment, fut si soudaine et si considérable dans certains endroits, qu'à Argental (Corèze), par exemple, les habitants du quai se trouvèrent réveillés par l'invasion du flot qui les soulevait dans leurs lits.

XIV.

PHÉNOMÈNES ATMOSPHÉRIQUES ET GÉOLOGIQUES.

Eboulements de terrains dans la Drôme. — Le hameau de Bezaudun. — Ecroulement de Pierre-Cise. — Avalanche de terre et de roches. — Entraînement de terrains. — Le rocher de Polegaieux. — Affaissement de la colline de Castelmorron. — Les orages ; les trombes de grêle. — La pluie à Lyon. — Torrents dans l'Eure-et-Loir. — Tremblement de terre dans le Périgord.

Nous avons mentionné, dans le cours de cette rapide revue des principaux désastres de l'inondation de mai et de juin, plusieurs circonstances atmosphériques qui ont présidé à ces événements. Il est hors de contestation que la température étrange et obstinément pluvieuse des mois d'avril et de mai, en même temps que l'état du thermomètre qui permettait sur les hauts pitons des glaciers une fonte exceptionnelle des neiges dont l'hiver de 1855-56 les avait chargés surabondamment, en ont été les principales causes. Ce qu'on ne saurait méconnaître non plus, c'est la condition anormale des cinq premiers mois de cette année, signalés par diverses circonstances célestes, telles que les météores, les orages et le tonnerre aux époques où ils ne se produisent que par un dérangement des lois naturelles, le retour des éruptions de plusieurs volcans, et des commotions souterraines dans quelques-uns de nos départements et en Algérie.

Enfin, notre travail ne serait pas complet si nous ne consacrions un chapitre spécial aux bouleversements terribles qui sont venus jeter l'effroi dans l'âme des populations, et faire croire un instant à quelques-unes à un cataclysme radical de notre globe. Jamais, de mémoire d'homme, on n'avait vu se produire simultanément autant d'écroulement de montagnes et de bouleversement de terrains.

Dans le département de la Drôme ces sinistres ont été nombreux. Le hameau de Bezaudun a disparu tout entier. Ses habitants entendant craquer les murs et les charpentes de leurs maisons se hâtèrent de les quitter. Quelques minutes plus tard, il n'y avait plus que des décombres. Un immense éboulement s'était déclaré et cette jolie colline, une des plus fertiles du canton, descendait lentement vers le torrent de la *Bine*. La maison commune, le temple tout était détruit. Douze familles étaient sans asile, sans vêtements, sans provisions.

Les jours suivants l'éboulement s'étend sur plus de trente hec-

tares d'une fertilité merveilleuse. Les terrains descendaient toujours.
A chaque instant on entendait de profonds craquements : c'est un
arbre dont les racines se brisent ou un nouvel affaissement qui se
produit. L'aspect des lieux n'est plus reconnaissable. Le gisement
des terres s'opérait sur des plans différents, leur rencontre produisait sur quelques points les effets les plus étranges, semblables au
choc de vagues subitement solidifiées.

Là où il existait un pli de terrain s'élève maintenant un mon-
ticule. Le hameau qui dominait le chemin de Saillans dont il était
séparé par des jardins présentant une pente légère, est à présent
dans un trou ; deux maisons attenantes se sont violemment séparées
et gisent à plus de 20 mètres de distance. On entendait les eaux
gronder à travers les crevasses et on sentait le sol glisser sous les
pieds.

Le château de Truinas s'était écroulé à la suite d'un mouvement
des terrains. La route de Crest était descendue de plusieurs mètres
dans la traversée de Mornans.

Dans le Rhône, pendant la nuit du 2 au 3 juin, le rocher de
Pierre-Cise, qui semblait présenter toutes les conditions de stabilité
imaginables, s'est écroulé avec fracas.

La masse de roches granitiques qui s'est aussi écroulée sur l'emplacement de l'ancien château de Pierre Scise ne peut être évaluée
à moins de 1,800 ou 2,000 mètres cubes. Un événement semblable
était déjà arrivé il y a un certain nombre d'années : il avait eu lieu
vers les dix heures du matin, et, par un bonheur inespéré, cette
avalanche de pierres n'atteignit personne, Seulement, comme à
cette époque le rocher à peine entamé par la mine surplombait au-
dessus du quai de la Saône, cette voie de communication fut interceptée pendant quelques jours par les matériaux éboulés.

Depuis cette époque, cette muraille perpendiculaire a été profondément échancrée ; c'est elle, en effet, qui a fourni les matériaux
des enrochements de beaucoup de quais et les moellons avec lesquels ont été construits quelques édifices publics ou privés, et sa
base a été sensiblement éloignée de l'alignement de la voie publique. Cet espace intermédiaire, destiné par le génie militaire à être
converti en grenier à fourrages, est fermé, du côté de la rivière, par
une haute et solide muraille. Elle n'a point été endommagée par
l'éboulement qui s'étend jusqu'à son pied, et a formé un énorme
talus au bas du rocher.

Mais une partie des fortifications récemment construites, qui cou-
ronnaient le faîte, a été entraînée. Le chemin crénelé pratiqué sur

le flanc sud-est de la colline, et qui reliait ces fortifications aux constructions inférieures, a été endommagé et lézardé sur quelques points. La maison située immédiatement à côté de ce mur, sur le quai, a reçu une commotion telle, que les vitres de plusieurs croisées en ont été brisées.

Un autre fait extraordinaire s'est produit sur le territoire des communes de Saint-Jean-de-Vaux et de Saint-Martin-sous-Montaigu. Une partie de la montagne s'est détachée sur une étendue de 3 hectares 50 ares environ, et, glissant lentement, est venue recouvrir les terrains inférieurs, emplantés de vignes, blés et sainfoin. Les ceps, entraînés, ont conservé leur position naturelle, et l'on ne sait encore s'ils ont été déracinés. Ce mouvement a commencé dans la journée du jeudi, et a duré cinq jours. La terre se fendit d'abord en plusieurs endroits; bientôt on remarqua de larges crevasses. Sur certains points le sol s'affaissa, sur d'autres il s'éleva; enfin le mouvement eut lieu. Les eaux ont creusé, dans la partie la plus endommagée, un ravin qui a parfois de 5 à 6 mètres de profondeur sur 3 ou 4 de largeur. Çà et là existent de profondes cavités. Le chemin de Saint-Martin à Blaizit a été effondré en plusieurs endroits et rendu impraticable.

L'abondance des eaux, ayant miné et entraîné le sous-sol, aurait déterminé le vaste éboulement dont nous venons de parler.

A Decize aussi, une partie de la montagne s'affaisse insensiblement depuis quelque temps. Ainsi, sur une assez longue étendue de la côte le terrain se serait abaissé de près de deux mètres en scindant les terres et en produisant une fissure profonde, en sorte que des vignes qui se trouvaient sur un même plan horizontal se trouvent maintenant environ deux mètres plus bas que celles qui sont sur l'escarpement produit par l'affaissement du sol. Quelques maisons auraient vu aussi leur niveau s'abaisser considérablement, tandis qu'une voûte de cave se serait élevée de près d'un mètre.

A la Mulatière, un éboulement de terrain a eu lieu sur l'écurie de la compagnie des Omnibus d'Oullins; on dit que deux chevaux ont été tués.

A Rochecardon, le moulin Félix a été enseveli sous une avalanche de terre et de roches. Une terrasse a protégé la maison d'habitation où dormaient plusieurs personnes; les écuries ont été écrasées avec les chevaux, les vaches, les volailles, les fourrages, les charrettes et ustensiles aratoires.

A Francheville, les pluies ont produit un accident d'un autre genre : une partie de 15 à 20 ares de terrain en bois taillis et futaie a glissé du flanc du coteau dans les prairies de la vallée complètement inondées de l'Izeron.

La montagne qui sépare Couzon de Polegaieux, après avoir causé par ses mouvements menaçants l'évacuation du village situé sous son penchant, a fini par s'écrouler en partie et par écraser moissons et récoltes.

La terre végétale, ayant dans cette localité une profondeur d'environ dix à douze pieds, repose sur un sol argileux. Des parties considérables de cette terre végétale ont glissé sur le sol. Des prairies, des bois et même des pièces d'eau se sont portés paisiblement d'un point sur un autre.

On cite un propriétaire qui, se mettant le matin à la croisée, a été jeté dans la stupéfaction en apercevant sa vigne remplacée par un verger. Cependant il n'en a pas été de même sur toute la ligne.

Une portion des terrains en voie de glisser ont rencontré des rochers en saillies. Inutile de dire que là le chaos et le bouleversement ont été à leur comble.

Dans le Lot, les pluies continuelles ont évidemment causé des désordres graves dans la masse de plusieurs coteaux; l'affaissement de celui de Castelmoron, de celui de l'Ermitage, près d'Agen, en sont des preuves affligeantes.

Une colline qui dominait la plaine de Lapouteille présente en ce moment un phénomène semblable. Elle s'est abaissée de 6 mètres environ. Les champs cultivés qui la couvraient n'offrent plus que des inégalités, des crevasses, des flaques d'eau formées tout à coup.

Le chemin de fer et la route impériale, construits à la base de ce coteau, sont fortement poussés par les terres qui s'abaissent et descendent visiblement vers la Garonne dont ils ne sont séparés que par un espace très étroit

Dans la Haute-Garonne, les mouvements des terrains détrempés par la pluie ont fait disparaître un hameau tout entier, celui de la Brègue.

Dans le Lot-et-Garonne, un événement que rien ne semblait faire prévoir, a jeté dans la douleur la population de Castelmoron. Le coteau qui domine cette ville s'est écroulé. Ce coteau était la propriété du pauvre. Il n'est personne qui ne pût y montrer, celui-ci une vigne bien prospère, celui-là des arbres chargés de fruits; l'un un petit champ de blé, l'autre une petite maison. Dans une nuit, celle du vendredi au samedi, tout a été perdu; et cette montagne qui embellissait la ville n'offre plus maintenant aux regards attristés que l'image de la désolation et du chaos. Et aujourd'hui encore on voit les crevasses devénir plus profondes et plus larges, et on sent la terre rouler sous les pieds.

Voilà quelques exemples des désordres de la terre, voici à présent quelques observations sur l'état du ciel

Depuis les derniers jours de mai jusqu'au 8 juin, les orages n'ont pas cessé de se signaler dans les régions pyrénéennes avec une persistance qui, ne connaissant que de courtes interruptions, n'épargnait aucun point de ces contrées.

Ces caractères permanents des variations atmosphériques et des pluies abondantes s'unissaient à la grêle qui tombait par trombes épouvantables et par morceaux d'une grosseur énorme. Les environs de Pau, les vignobles de Jurançon, Gan, Gelos etc., ont été dévastés.

Le même fait a été constaté dans les Deux-Sèvres.

De même encore à Auch et à Bayonne on a signalé de grands dégâts causés par la pluie et par la grêle. Dans les Basses-Pyrénées, partout où le terrain se trouvait en pente, les récoltes ont été entraînées. A Mirande, la grêle s'est abattue avec la violence d'une trombe. Les grêlons avaient des dimensions énormes, et ils étaient couverts d'aspérités, comme si chacun d'eux eût été formé de l'adjonction de plusieurs autres. Les paysans les comparaient, et pour la longueur et pour la forme, à des épis de maïs. Sur plusieurs points, les grêlons avaient, dit-on, la grosseur d'un œuf de poule, et telle était leur force de projection, qu'ils rebondissaient à plus d'un mètre de hauteur.

Indépendamment du dommage matériel, il y a de nombreux blessés.

On peut se rappeler que la Savoie a éprouvé en même temps de violents orages, et l'on écrivait de Vienne (Autriche) dans la première huitaine de juin :

« Ce n'est pas seulement la France qui a souffert par les inondations, plusieurs provinces de notre empire ont été ravagées par des orages et des pluies torrentielles qui ont duré plus d'un mois. »

Pendant la pluie de 46 heures qui est tombée à Lyon, du jeudi 29 mai à 7 heures du soir, jusqu'au samedi à 5 heures, on a recueilli à Ainay 30 centimètres d'eau, aux Brotteaux 22 centimètres, tandis qu'on assure qu'à l'Observatoire de notre ville le pluviomètre n'a marqué que 13 centimètres : nous indiquons ces chiffres différents sans commentaires, en laissant l'appréciation aux hommes spéciaux.

Le mois de mai, sur tout le littoral du Rhône et dans toutes les

PAS. — Typ. LACOUR, rue Soufflot, 8.

régions méditerranéennes, est généralement pluvieux. Ainsi, pendant 78 jours, d'après les observations publiées par M. Azema dans les *Annales du Puy-de-Dôme*, dans une période de temps deux fois et demie plus grande, on a recuielli cinq fois plus d'eau à Montpellier qu'à Nantes.

La quantité d'eau tombée à Lyon pendant ces derniers temps est la moyenne de ce qui tombe dans les contrées équatoriales. Il n'est

Dévouement des sœurs hospitalières de la Guillotière.

pas rare, sous la ligne, de recueillir en une heure 30 centimètres d'eau.

Un phénomène curieux dans les annales de l'hydrographie s'est passé en Beauce.

Un ravin, qui ne se transforme en rivière que tous les dix ans, la Couarde, a atteint cette année les proportions d'un fleuve. Les eaux de la forêt d'Orléans, déversées sur le plateau qui s'incline vers le

13

département d'Eure-et-Loir, se sont écoulées en véritables torrents. C'est ce qui explique comment les hauteurs, ordinairement privées de sources, ont pu être inondées.

Mais ce qu'il y a de plus curieux dans cette apparition de la Couarde en Beauce, et ce qui a surpris les habitants de Patay, c'est que la rivière improvisée était aussi poissonneuse que la Loire et le Loiret. On explique ce phénomène par la crûe qui a eu lieu dans les viviers et les pièces d'eau des châteaux environnants et qui a forcé de lever les vannes des déversoirs.

Dans la nuit du 10 au 11 mai, le village du Grand-Coderc, commune de Saint-Rabier, canton de Terrasson, en Périgord, a été le théâtre d'un affreux tremblement de terre. Les oscillations se faisaient dans la direction du nord au sud. On entendait comme un bruit de charriots lancés à fond de train. La commotion a été si forte, qu'une montagne, distante d'environ cinq minutes du village, a été déplacée et précipitée dans le ravin avec un fracas épouvantable.

Pendant deux jours environ, on put voir rouler les arbres, vignes, rochers; et l'on avait le droit de se croire, sur ce point du globe, menacé d'un cataclysme : plus de 400 hectares de terrain cultivé, des vignes de la plus belle végétation, tout fut emporté par la violence des éboulements de la montage, anéantissant, dans cette révolution, les plus belles espérances d'un grand nombre de propriétaires.

N'y a-t-il pas là de quoi justifier ce mot d'un écrivain qui cherchait les causes de cette perturbation :

« Il faut remonter jusqu'aux temps bibliques, aux époques de grandes expiations et de grands châtiments, pour retrouver des fléaux analogues à ceux qui désolent la France depuis quelques années. »

XV.

PERTES ET DÉSASTRES.

Coup d'œil général. — Quelques appréciations et quelques chiffres. — Épreuves subies par l'agriculture. — Le Rhône, la Camargue. — Lyon, Avignon, le pays d'Arles. — La Loire, les environs d'Angers. — Scènes de l'inondation. — L'Allier. — Les chemins de fer.

Il n'entre pas dans notre plan d'aller sur les attributions de l'administration et de l'organe officiel, et d'établir le chiffre précis et minutieux des pertes matérielles occasionnées par les événements que nous avons tenté d'esquisser si rapidement. Il est des malheurs irréparables, — ce sont ceux qui coûtent la vie à des centaines d'existences humaines, — les sinistres de 1856 sont de ceux-là ; — il en est d'autres que la statistique parvient à évaluer, mais il s'écoulera longtemps encore avant que toute sa sollicitude et les enquêtes engagées aient fourni leur résultat.

Nous devons donc, pour conserver à cet ouvrage son caractère, conserver son mérite anecdotique, nous borner à récapituler ici celles des particularités les plus saillantes qui n'ont pu trouver place dans notre récit jour par jour des inondations. C'en sera assez pour donner une idée des calamités terribles qui accablent les populations intéressantes de nos plus beaux départements.

A Lyon et dans sa vaste banlieue, le nombre des maisons détruites a été de près de 400, et a laissé 15 à 20,000 personnes sans abri. Quant au chiffre des morts, il ne sera jamais connu.

Dans l'inondation de 1840, les récoltes étaient non-seulement rentrées, mais encore les semailles faites. Cette année, c'est au moment où les épis jaunissaient et où la plus belle récolte s'annonçait, que tout a été englouti ! On ne peut pas voir de spectacle plus désolant.

A Avignon, l'inondation a forcément arrêté les affaires de tous genres, et quoique les eaux se fussent retirées, on ne s'occupait guère que du sauvetage des marchandises inondées, plus de dix jours encore après.

Toutes les garances des terrains envahis par les eaux (et l'étendue en est malheureusement grande) ont été perdues, et celles qui n'ont pas eu l'inondation, mais qui se trouvent dans des terres basses, comme les paluds, ont beaucoup souffert des grandes pluies qui ont régné tout le printemps. Ce qui faisait craindre des récoltes excessivement petites.

Le village de La Palud, sur les confins de la Drôme et de Vaucluse, a été presqu'entièrement emporté par le Rhône ; 150 maisons ont été renversées ; le mobilier et les bestiaux ont été entraînés par le courant ; les malheureux habitants ont pu être sauvés et ont été recueillis dans les villages voisins.

La Coustière de Crau, immense étendue du pays d'Arles, qui s'en va longeant le canal de Bouc, pour se terminer aux marais de Fos, a éprouvé des ravages considérables, et l'on se demande comment ce plateau a pu être si fort inondé, alors que du haut de la Tour des Arènes d'Arles, on voit la Crau s'élever à partir de l'usine Saint-Victor et dominer si fort la vallée des Baux. La raison en est bien

simple. Les eaux du canal de Bouc arrivées à hauteur des berges,
menaçaient de céder des deux côtés. Il fallait prendre un parti et
sacrifier ou le plan du Bourg ou les marais de Crau ; on n'a pas hésité. De larges saignées faites sur le côté gauche ont laissé passer le
trop plein, et depuis Arles jusqu'au Mas-Thibert, la Coustière a tout
reçu. Puis, quand la chaussée du Rhône a cédé à divers endroits, au
petit plan du Bourg, il y a eu un courant non intermittent du Rhône (rive gauche) au canal de Bouc et de celui-ci en Crau. Le petit
plan du Bourg s'est donc trouvé inondé par des brèches du grand
Rhône. Il y en a trois ou quatre d'Arles à Saint-Arcier (cinq lieues).
Mais le grand plan du Bourg, c'est-à-dire celui qui s'étend du Mas-
Thibert à Leyselle, a été sauvé. C'est là que s'étendent les beaux domaines de *Saint-Arcier, Bois-Vieil, Parade, la Porcelette, le Radeau,
Poisson-Leyselle*. Ainsi, pour circonscrire l'inondation de ce côté,
nous la prenons en Crau le long du canal de Bouc, depuis Arles
jusqu'à Fos, sur une étendue de deux lieues environ de large et
dix de long. Mais ce ne sont en grande partie que des marais. Le
mal n'est pas bien grand. Nous la prenons ensuite entre le canal de
Bouc et le grand Rhône (petit plan du Bourg) d'Arles à Saint-Arcier.
Là, le mal est immense, ce ne sont que des terres à blé. Tout est
perdu, il n'y aura pas un grain de récolte.

Nous arrivons à Arles, à droite, du côté de Tarascon, c'est le Tré-
bon (très-bon) : cette appellation qualifie la nature du terrain. Il s'é-
tend d'Arles à Tarascon. Il présente l'aspect d'un vaste étang, à la
surface duquel de nombreuses plantes marines élèveraient leurs tiges. Ces tiges sont des ormeaux qui ne laissent voir que leurs cîmes.
Malheureusement, la propriété, dans cette partie du territoire, est
excessivement morcelée. Ce sont, surtout aux environs des deux
villes, de petites terres à blé appartenant à des propriétaires qui les
afferment à de pauvres agriculteurs. Une charge de blé y est-elle
semée, le paysan en récolte quinze. Il y a là le pain de l'année pour
sa famille et pour lui Voilà donc bien la misère, l'affreuse misère !

Cependant, depuis Mont-Major jusqu'au pont de Crau, j'ai pu
distinguer encore debout les fermes tout récemment élevées au milieu des marais désséchés, le pont de Lucas entre autres. Mais quelles
pertes énormes ! M. C... de Tarascon y laisse une récolte de cent cinquante à deux cent mille francs. Les frères C..., dans la vallée des
Baux, ne perdent pas moins.

Si nous passons de l'autre côté du Rhône, dans le Gard, de Beaucaire à Arles, une brèche très forte, ouverte à une lieue au-dessous
de Beaucaire, a sauvé la ville, mais perdu les récoltes. Toutefois le

génie, à l'aide de ses sacs de terre, a pu immédiatement circonscrire
la sortie des eaux, et l'on a vu bientôt, à Fourques et dans un rayon
qui s'étend assez loin, le sol reparaître. Par cette pointe, un bateau
à vapeur procédait au sauvetage des bestiaux de la Camargue, opé-
ration qui, pratiquée sur une large échelle, a sauvé des millions.

A la pointe, entre le grand et le petit Rhône, à peu de distance du
pont de Fourques, une large brèche de trois cents mètres environ a
inondé la Camargue et le faubourg de Trinquetaille durant la moitié de la semaine.

Des bastides élevées sur ce fond de sable que le mistral ap-
porte s'étaient écroulées ensuite ainsi que les maisons du faubourg.
Le peuple retiré sur les toits poussait des cris de détresse. Le Rhône
mugissait et gagnait toujours du terrain. De l'autre côté, à
Arles, on ne pouvait que pleurer sur cette scène de désolation :
les secours étaient impossibles. Ces barques immenses, connues sous
le nom de *penelles*, et chargées de charbon, étaient violemment
arrachées de leurs amarres, poussées au milieu du fleuve, puis prises
par les tourbillons elles pirouettaient et s'engloutissaient. Les pertes
en ce moment dans le Rhône furent immenses. Plus de vingt de
ces penelles, chargées de charbon de la Grand'Combe, disparurent
ainsi ; mais en même temps les chaussées cédaient sur la rive
droite en Camargue et sur la rive gauche du Pan-du-Bourg. Le
territoire, à proximité de la ville, était submergé, et la partie basse
par cela même sauvée. Le Valcarès recevait, à flancs largement ouverts, cette masse prodigieuse d'eau ; les marais de Cellier, du pont
de Rousty, sur le petit Rhône, s'emplissaient également et dégor-
geaient d'autant le grand bras du fleuve.

Des chaussées, rive droite, la Camargue s'incline par une pente
très faible au Valcarès. Tout ce qui s'est trouvé d'Arles à cette ligne
a été submergé. C'est le terrain le meilleur du pays. C'est là que M.
de Jonquières portait l'évaluation de la perte à cent cinquante mille
hectolitres. Les plaines de Meyran, où devaient avoir lieu les courses
le lendemain du jour où elles furent inondées, ont eu trois mètres
d'eau. Quel épouvantable désastre ! Là, au domaine de Bourgogne,
à Remoule, le bétail était entassé dans les chambres, dans les greniers à foin. Les écuries étaient englouties, l'eau y était aux poutres.
Que s'est-il passé depuis ce moment jusqu'au jour de la délivrance?
Dieu le sait ! Le pont de la Crau, déjà si élevé ! avait 1 mètre 1/2
d'eau.

On avait cru généralement que le fort coup de mistral des jours
précédents ferait beaucoup de bien; c'était une erreur. — Si les

brèches eussent été fermées et si le Rhône fût descendu, l'écoulement des eaux en eût été favorisé. — Mais le Valcarès regorgeant, les *Levadons* fatiguaient, et à Arles, les salins de Badon et la *Tour-de-Vala* étaient attaqués.

Voici encore un des épisodes de cette invasion des eaux. Une émigration composée de vingt personnes suivait la grande chaussée, — une brèche s'ouvre devant elle. Elle veut revenir sur ses pas, une nouvelle brèche l'arrête. — Il faut se résigner et attendre, car l'eau assiége la chaussée de tous côtés. Ces malheureux sont restés ainsi vingt-quatre heures. Un bateau à vapeur est venu les délivrer. — Un troupeau d'une centaine de chevaux se trouvait pris de la même manière ; les gardiens ayant voulu abandonner la position, y ont perdu huit ou dix de leurs bêtes.

L'année sera fort peu giboyeuse. — Tout a été détruit ; les lapins se réfugiaient aux extrémités des *enganes* où l'eau ne tardait pas à les étouffer. Quelques parties des chaussées, les sommités des meules de foin étaient couvertes d'animaux de toute espèce. Les rats, les lézards, les reptiles étaient allés chercher un asile dans ces demeures inconnues, *sedes nota columbis.*

Les nids, les couvées soulevés par les eaux, flottaient à la surface et naviguaient accompagnés des mères qui voltigeaient autour.

A Raphèle des paysans ont recueilli un très grand nombre de nids de poules d'eau que les marais leur apportaient.

Les pertes de l'arrondissement d'Arles ont été évaluées dès le premier moment à douze millions.

Celles de la Camargue, pour la partie des récoltes, dépassaient trois millions.

Nous ne répéterons pas ce que nous avons dit successivement des pertes occasionnées par la Loire ; le seul désastre des levées atteignait près d'un million.

L'arrondissement de Trévoux portait les siennes à 1 million 800 mille francs.

Saint-Mathurin, dans le Maine, et ses environs ont été le théâtre de ravages et de scènes déchirantes que nous ne saurions passer sous silence. C'était au moment où les eaux arrivaient après leur invasion à la Chappelle.

La nuit avait été orageuse et pleine de pressentiments funestes. On trouvait à chaque instant dans les campagnes, des familles entières fuyant avec leurs bestiaux, leurs meubles et de la nourriture pour leurs vaches ou leurs chevaux. Le spectacle était navrant ; les malades qu'on apportait, des vieillards qui pleuraient, des hommes empressés, muets et sombres, tiraient les larmes des yeux. Mais au moins ils fuyaient, et ces belles récoltes qu'un désastre sans exemple depuis 150 ans allait atteindre devaient seules se perdre. Des bateaux arrivaient aussi en nombre, prêts à porter secours aux retardataires. Bientôt ils allaient être à flot, car à deux cents pas environ une nappe immense s'étendait, envoyant devant elle, à cent pas environ des ruisseaux précurseurs de ce nouveau déluge.

Le matin à neuf heures, presque tous étaient sauvés, de gré ou de force. De force, qui le croirait !

On a vu deux hommes forcés de quitter leur maison déjà envahie par l'eau réunir deux *pannes*, se mettre dedans munis de brocs et de fusils, et rester près de leur maison qu'ils refusaient de quitter. En vain on les presse de se sauver ; en vain on fait appel à leur sentiment. Ces hommes que l'avidité retenait moins qu'une stupide sécurité refusent de monter dans les bateaux ; il fallut que le maire allât lui-même les faire enlever *de force !*

La commune de Saint-Mathurin a été à peu près dégarnie des deux tiers de ses habitants ; deux mille personnes, qui dans les premiers jours n'avaient d'autre asile que la levée, ont accepté à Saint-Remy, à Couture, à Blaison une généreuse hospitalité. Le maire de Saint-Rémi, l'honorable M. de Buzelet qui, dans sa verte veillesse, conserve toute l'énergie d'un jeune homme et n'a jamais cessé d'être un modèle de bienfaisance et d'humanité, après avoir tenu tête à la crûe de la Loire, au milieu des travailleurs qu'il était seul à diriger, et sauvé la levée qui communique du pont aux divers chemins de Saint-Rémi, a mis des premiers sa commune au service de sa voisine. C'est dans son cimetière que sont enterrés les morts de la Menitré, Saint-Mathurin et la Bohalle.

On a vu à la suite de cette journée une pauvre mère venant de Menitré, poussant devant elle, sur une brouette, un grossier cercueil qui renfermait le corps de sa jeune enfant. Le lendemain un cortège funèbre de la Bohalle se rendait à Saint-Rémi en passant par Saint-Mathurin. Les prêtres venaient en avant, au pas, dans une voiture découverte. Derrière, un autre tilbury portait les enfants de chœur et la croix ; suivait une charrette avec le cercueil recouvert de draperies funèbres. D'autres charrettes portaient un deuil nombreux : c'était une scène déchirante de voir cette famille attristée qui ne trouvait pas au pays un lieu pour ses morts.

La Bohalle et la Daguenière qui avaient conservé presque toute leur population étaient entièrement encombrées, des deux côtés de la levée, par les charrettes, le fourrage, les bestiaux ; ici le linge sauvé qui sèche, là le blé, ailleurs le chènevis ou le chanvre. Sur toute la ligne, des tentes grossières formées sur quatre pieux, avec des fagots, du foin, des chènevottes ou des draps pour toiture, donnent asile aux bestiaux, dont les maîtres trouvent un abri sous leurs charrettes.

Combien il en a été perdu, outre tous les instruments de labour! leur poids même ne les protégeait pas. Une entre autres, des plus lourdes, est surprise par le flot : elle est entraînée jusqu'à la levée du chemin de fer; là elle s'arrête, recule, et, comme après réflexion, à l'aide de cet élan elle franchit la voie.

A la date du lundi, la contrée dont nous racontons les malheurs était plongée entièrement sous les eaux A Saint-Mathurin, il ne se trouvait plus qu'un espace pareil à une île de trente pas de large, la Loire à gauche, l'eau encore à droite : de ce côté un lac immense, sans écoulement, une plaine sans autre trace que les toits des maisons qui la dominent à peine. Là étaient des rues; là de grosses métairies ; ici un hameau : *Olim Troja fuit !* Presque partout des arbres dont les tiges seules paraissent, rompant avec les faîtes des maisons; l'uniformité de cette mer que sillonnent en tout sens des barques nombreuses. Mais si, passant sur le sol hospitalier de Saint-Rémi, nous gravissons un de ses coteaux, la vue dépassant toutes les cimes, atteint un espace de quatre lieues au moins couvert d'eau, et qu'une illusion bien commune rapproche de moitié. Des débris sans nombre, du chanvre, des meules de foin ou de paille, du bois; et, sur quelques sommets, des volailles effrayées sont épars çà et là dans la vaste étendue, immobiles, sous un temps calme et plat.

A la date du 6 juin, les voyageurs qui parcouraient les levées de Savennières et les vallées inondées de St-Germain et de St-Georges-sur-Loire, constataient là comme partout des désastres considérables. Il ne restait rien des magnifiques récoltes que l'on admirait encore trois jours auparavant.

Les brèches se sont produites sur deux points et à quelques heures seulement d'intervalle. La première a eu lieu à quelques mètres en amont du pont de Montjean; la seconde à 500 mètres en aval du pont de Chalonnes. Les eaux se précipitèrent avec violence, et recouvrirent une partie de la vallée. Mais bientôt elles rencontrèrent le courant qui arrivait avec une incroyable vitesse par la rupture qui venait de se faire au-dessous du pont de Chalonnes. il ne fallut plus alors que quelques instants pour inonder tout le val,

Paris. — Typ. Lacour, rue Souflot, 14.

et les habitants racontent que les eaux montaient si rapidement qu'un homme marchant à pas pressés n'aurait pu éviter leur atteinte.

Les grands vents qui n'avaient cessé de souffler du nord et du nord-ouest, durant les nuits du mercredi au jeudi, et du jeudi au vendredi, contribuaient à rendre plus complètes les pertes déjà subies par les cultivateurs. En quittant le rez-de-chaussée de leurs

Le cimetière s'est vu arracher par le torrent ses cercueils et ses morts.

maisons, ils avaient eu soin, comme ils le font toujours en pareil cas, de placer leurs buffets et leurs armoires sur des tables et sur des tréteaux, de manière à les garantir autant que possible de l'inondation. De plus, avant de chercher asile dans leurs greniers, ils avaient fermé et verrouillé solidement les portes extérieures de leurs habitations. Mais rien n'a résisté à la tempête, et les vagues, à force de battre les maisons, ont fini par enfoncer les portes, et le

14

mouvement de ressac produit par le flot, a renversé et brisé les meubles dans une foule d'endroits.

On a vu entre autres deux jeunes gens plongés dans l'eau jusqu'au cou, et cherchant depuis trois ou quatre heures avec les pieds tout le linge de la famille qui venait de s'échapper d'une armoire que les vagues avaient renversée et brisée en mille morceaux.

Au reste, on ne saurait trop admirer le sang-froid, le courage et la résignation de la plupart de ces braves gens. Ils ne se plaignaient pas, ils ne murmuraient pas, ils disaient simplement, que puisque c'était la volonté de Dieu il fallait bien se soumettre. Ce calme au' milieu de tant de malheurs excitait plus vivement l'émotion que ne l'eussent fait des larmes et des cris de désespoir.

Pour abréger, et surtout pour éviter les redites presqu'inévitables lorsqu'on envisage, ainsi que nous le faisons, les mêmes événements sous leurs divers aspects, rappelons brièvement que dans les trois jours des 29, 30 et 31 mai, les pertes de l'Isère s'étendaient à 200 communes, que l'on y constatait la destruction de 600 maisons, la mort de 14 personnes, — sans les accidents restés inconnus, — et que l'on n'osait, tant on craignait qu'il ne parût exagéré, énoncer le chiffre des dommages essuyés par l'agriculture et par la propriété. Aucune des désastreuses inondations de 1816, 1840 et 1851 n'avait approché de celle-ci.

Maintenant il est heureux et vrai de dire que l'on a beaucoup exagéré les dommages causés à certaines compagnies de chemins de fer. Ces dommages sont de deux sortes : 1° la destruction de la voie envahie par les eaux ; 2° la diminution de recettes, causée par la suspension du service.

En ce qui concerne la ligne de la Méditerranée, par exemple, la destruction de la voie, emportée à Tarascon, sur une étendue d'environ un kilomètre, peut être réparée de deux manières : ou en refaisant le remblai qui existait auparavant, ce qui serait une dépense au plus d'une centaine de mille francs, ou en construisant un viaduc pour se mettre à l'avenir d'une façon définitive, à l'abri de l'envahissement des eaux. Dans cette seconde hypothèse, la dépense pourrait s'élever à 1,500,000 fr., et devrait être mise au compte du capital grevant l'exercice de chaque année d'un intérêt d'environ 75,000 fr.

Quant à la diminution des recettes pour suspension de service, nous l'estimerons largement en la portant à 40,000 fr. — Il s'agit donc en tout d'une somme d'environ 500,000 fr. dont se trouvera diminué par le fait des inondations le revenu brut dans la ligne de la Méditerranée, et de 3 ou 4 fr. le dividende de chaque action.

Les mêmes observations peuvent s'appliquer à la ligne d'Orléans, dont les dommages, quoique s'étendant sur un plus long parcours, sont loin pourtant d'avoir les proportions qu'on a voulu leur donner. On sait que la circulation a été presque immédiatement rétablie sur les lignes du centre, et le trajet entre Paris et Bordeaux se faisait au bout de peu de jours sans autre irrégularité que celle qui résulte de l'emploi du bateau à vapeur pour le service de Blois à Tours. Il n'y a donc eu d'interruption prolongée que sur la ligne de Nantes. Comme compensation à ces dommages, nous ajouterons que la compagnie d'Orléans a ouvert le 16 l'importante section d'Argenton à Limoges, 100 kilomètres environ.

Entre Toulouse et Agen, l'évaluation générale porte les pertes à cinq millions.

De mémoire d'homme la Garonne n'avait eu des crues aussi répétées et aussi prolongées. L'inondation du milieu de mai a duré pendant douze jours, et elle était à peine rentrée dans son lit quand les eaux ont débordé de nouveau le 30 mai. La crue du Tarn, du 31 mai, est la plus forte qu'on ait vue depuis un grand nombre d'années; les eaux sont restées pendant plusieurs heures à 7 mètres au-dessus de l'étiage au pont de Montauban. Cette crue coïncidant avec celle de la Garonne, a produit une inondation plus forte que celle de 1855, aux abords d'Agen. Dans toute la plaine basse, les céréales qui avaient résisté à trois débordements, depuis un mois et demi, sont aujourd'hui complètement perdues. Partout où l'inondation s'est jetée avec cette persistance, les pertes causées sont considérables, et l'aspect des terres ensablées et tourmentées révèle l'action désolante des eaux.

Nous nous arrêterons ici. C'est le temps seul qui amènera des données précises sur chaque localité en particulier.

XVI

LE COURAGE ET LA BIENFAISANCE

L'épiscopat pendant les inondations. — Les secours dans les Bouches-du-Rhône et dans le Rhône. — La Franc-Maçonnerie. — Le gouvernement; les particuliers; les écoles. — Le denier du pauvre; la journée de l'ouvrier; le morceau de pain de la veuve.

C'est un devoir pour nous, après avoir dépeint les souffrances et les malheurs, de proclamer avec quel empressement les secours sont venus de toutes parts les consoler et les atténuer. Jamais la charité ne s'est montrée plus active et plus ingénieuse. Il y a eu partout des prodiges de dévoûment, de ce dévoûment qui va jusqu'au mépris de la vie, et ne tient compte d'aucun péril.

Nous en avons nécessairement mentionné un grand nombre dans le cours de notre récit; il faudrait en outre un livre bien plus gros que celui-ci pour inscrire tous les noms qui ont droit à la reconnaissance publique.

Ce que nous voulons seulement encore, c'est rappeler les faits principaux de ces jours où le fléau a été dépassé par l'héroïsme de tant de cœurs intrépides.

L'épiscopat et le clergé ont été véritablement les ministres de l'Evangile et du Christ Sauveur.

Nous avons dit la belle conduite de l'archevêque de Tours. Mgr. Morlon, travaillant la pelle et la pioche à la main, à la consolidation des levées de la Loire.

A Blois, le palais épiscopal et toutes ses dépendances sont occupés par des familles frappées par l'inondation et que la charité du prélat a recueillies avec un empressement évangélique.

En tournée à l'extrémité du diocèse, il est accouru à Blois à la première nouvelle pour apporter des secours et des consolations.

Mgr Plantier était à Alais, lorsqu'une dépêche électrique lui apprit la triste situation et les dangers de ceux qui sont confiés à ses soins. Aussitôt il quitte Alais, traverse, sans s'arrêter, sa ville épiscopale, et arrive à Beaucaire. Là il a pu juger des angoisses d'un pauvre pays sans défense, au milieu d'une mer en courroux. Aussi, ni les grandes eaux du fleuve débordé, ni la rapidité des courants, ni les dangers sans nombre d'une navigation à l'encontre du cours du Rhône, ne peuvent l'arrêter. Il monte une frêle embarcation, et, à travers les flots menaçants, il se dirige sur la paroisse de Vallabrègues, accompagné des curés de Beaucaire, Aillaud, adjoint à la mairie, et d'Anthoine, juge de paix. Il n'était pas attendu. A son arrivée, les cloches s'ébranlent, et déjà hommes, femmes et enfants sont accourus à l'église à travers l'eau et la boue, offrant de la tête aux pieds les traces de leurs souffrances et de leurs misères. L'évêque monte en chaire et sa parole portant la consolation au fond des cœurs, fait couler bien des larmes. Il se repose un instant au presbytère; là, il rencontre l'évidence du fléau et de ses ravages · plusieurs familles et des animaux de toute espèce s'y sont réfugiés comme dans une autre arche. Sa main généreuse dépose entre les mains de M. le curé un secours considérable, et il s'en va plus loin consoler d'autres infortunes.

Mgr Dupanloup, très souffrant par suite des fatigues de sa visite pastorale, était allé se reposer à Annecy, en Savoie, où « la maladie, disait une dépêche, l'obligeait depuis dix jours à garder la chambre. »

En apprenant, par le télégraphe, les immenses désastres qui viennent de frapper son diocèse, Mgr Dupanloup s'empresse d'adresser à ses vicaires généraux la dépêche suivante :

Annecy, 5 juin.

« Je reçois vos dépêches. Mon indisposition ne m'empêchera pas de partir sans retard. J'ignore les obstacles que je trouverai en route. Orléans, toujours si charitable, a dû déjà organiser des secours pour les pauvres inondés. Je mets à votre disposition 6,000 fr. dès à présent. Logez et nourrissez à l'évêché tous ceux dont nous pourrons nous charger, et en particulier les enfants.

« † FELIX, évêque d'Orléans. »

Mgr l'évêque d'Orléans a adressé d'Annecy, par dépêche télégraphique, la lettre suivante à son clergé :

« Messieurs et très chers coopérateurs,

« Pour la seconde fois en dix ans, un immense malheur vient de nous frapper ; le fleuve destiné à porter dans nos campagnes la fertilité et l'abondance, vient d'y jeter la désolation et la ruine.

« Je dirais volontiers, comme un ancien conducteur du peuple de Dieu : « *Ego sum qui peccavi.* » Je voudrais pouvoir ajouter avec confiance pour tous : « *Isti, qui oves sunt, quid fecerunt?* » Et je connais assez vos cœurs, messieurs, pour dire qu'il n'y en a pas un seul parmi vous qui ne soit prêt à adresser au Seigneur cette prière : « *Avertatur, obsecro, manus tua contra me.* » Que votre main irritée s'apaise : « *Cesset jam manus tua.* » Et que cette terre qui nous est si chère ne soit plus désolée : « *Et non desolatur* « *terra.* »

« Du moins, faisons tous en ce moment ce que le Seigneur demande de nous, le grand sacrifice de la charité : c'est ce que le prophète conseillait autrefois aux Israélites frappés d'un grand fléau : « *Constituamus altare Domino.* » Oui, que ce soit véritablement l'autel de la charité, et que chacun de nous, messieurs, vienne y offrir en holocauste les dons les plus généreux que pourront lui inspirer son amour et sa compassion pour ses frères : « *Attulit* « *holocausta et pacifica et propitiatus est Dominus terræ.* »

« Je ne vous adresserai pas, messieurs, d'exhortation plus étendue ; il n'est pas question de faire ici de longs discours, mais des
œuvres saintes et fécondes, qui répondent aux desseins de Dieu
sur nous et à la grandeur de l'épreuve qu'il nous envoie : « *Non*
« *magna loquimur, sed vivimus.* »

(Suivent les deux dépêches par lesquelles Mgr Dupanloup met
6,000 fr. à la disposition des inondés, et prescrit une quête dans
toutes les paroisses du diocèse).

Durant toute l'inondation, à Orléans, l'évêché, le Grand-Sémi-
naire, les Pères de la Miséricorde, les religieux de la rue de la
Limarre, etc., n'ont cessé de faire sentir aux malheureuses victimes
les effets de leur charité.

A l'évêché, notamment, plusieurs centaines de personnes, vieillards, femmes et enfants, ont été abritées et nourries. Il y a des
inondés logés jusque dans le salon du palais épiscopal et dans la cabinet même de Mgr Dupanloup. On a rétabli les fourneaux alimen-
taires pour nourrir tout ce monde, et plusieurs des membres de la
commission viennent eux-mêmes chaque jour distribuer les por-
tions.

La société de Saint-Vincent-de-Paul a fait acte aussi de charité.
Cinquante inondés ont été logés et nourris par cette institution de
bienfaisance.

Ce qu'il a fallu d'efforts pour sauver, nourrir les inondés dans les
Bouches-du-Rhône, est impossible à dire. Cent bateaux journelle-
ment armés, 50,000 bestiaux sauvés, des bâtardeaux et des digues
supplémentaires construits de toutes parts, du pain fourni aux in-
digents, à tous les habitants des campagnes et aux communes voisines, telle a été l'œuvre de l'autorité municipale, énergiquement et
habilement secondée par M. le baron Devaux, sous-préfet d'Arles.

Nous citerons un fait qui témoigne d'une générosité et d'une
bonté peu communes. M. de Crèvecœur, préfet du département
des Bouches-du-Rhône, arrivé à Arles le lundi, dès huit heures du
matin, était reçu à la gare par M. Rame, premier adjoint, qui, après
avoir pris les premières mesures indispensables, lui exposait la pé-
nurie de la caisse municipale : « Il ne faut point que les malheu-
« reux restent sans secours, Monsieur le maire, dit M. de Crèvecœur :
« empruntez sans retard ; vous trouverez facilement, je le pense,
« huit ou dix mille francs, sous ma garantie personnelle ; je paie-
« rai. »

Grâce à l'arrivée inopinée de l'Empereur et aux ressources que le
don de Sa Majesté et les envois du gouvernement ont mis à la dis-

position du préfet, l'on n'a point usé de l'offre bienveillante de
M. de Crèvecœur, mais le souvenir de cet acte spontané de sollicitude restera gravé dans la mémoire des Arlésiens.

Dans le Rhône, la conduite du maréchal Castellane et de M. le sénateur Vaïsse ont été l'objet d'un éloge unanime. Nous en dirons
autant des préfets et des principaux administrateurs des autres départements éprouvés; dans ces circonstances pas un n'a manqué à
son poste, c'est-à-dire au danger.

L'autorité supérieure avait préparé dès les premiers jours par des
articles de journaux et par des circulaires une souscription générale; et le gouvernement proposait successivement aux chambres
des crédits s'élevant ensemble à douze millions.

Déjà la bienfaisance privée avait pris l'initiative. Des comités s'organisaient, des troncs étaient placés à la porte d'une foule d'établissements et de magasins dans Paris; les journaux s'inscrivaient en
tête de leurs listes et faisaient de pressants appels à leurs abonnés.

Les journaux politiques ne furent pas les seuls à se signaler, et les recueils littéraires aussi firent appel à leur public. Le
premier de tous, constatons-le à son honneur, fut l'*Omnibus*, journal illustré à 5 centimes, qui, vu son immense publicité dans les
classes populaires, contribua puissamment à donner l'impulsion
aux souscriptions des petites bourses.

Les théâtres donnaient des représentations au bénéfice des
inondés, et des artistes offraient les œuvres de leurs ciseaux et de
leurs pinceaux pour en former des loteries.

A la première nouvelle des désastres, le prince Lucien Murat,
grand maître de l'ordre maçonnique en France, s'empressa d'or-
donner qu'une souscription fût ouverte dans toutes les loges ma-
çonniques de France et que le produit en fût versé au Trésor.

Le conseil d'administration de la compagnie du chemin de fer
d'Orléans ouvrit un crédit de 150,000 fr., tant pour contribuer à
la souscription générale des compagnies de chemins de fer, que
pour secourir immédiatement les familles malheureuses les plus
affligées des inondations sur le parcours de son réseau.

La souscription faite au nom des Compagnies de chemins de fer
réunies, était de 200,000 fr. — Mais il demeurait entendu que cette
souscription commune était indépendante de celle que les compagnies d'Orléans, de Paris à Lyon, de Lyon à la Méditerranée, du
Grand-Central, du Bourbonnais se proposaient de faire spécialement dans les localités désolées par les inondations et qui se trouvaient sur leur parcours.

Tous les lycées ont voulu contribuer; et dans un assez grand nombre, les élèves ont prié les proviseurs de transformer en souscription la valeur des prix qu'on leur aurait distribués à la fin de l'année. Dans un de ces établissements, à Paris, ces jeunes gens faisant plus, ont réclamé la faveur de dîner un jour de pain sec, au profit des inondés.

Plusieurs gouvernements étrangers et de grandes villes, telles que Londres, sont venus avec un généreux empressement grossir les secours. Des premiers on doit citer le Sultan, la reine d'Angleterre, le Pape, le roi de Piémont.

La générosité des riches étonne souvent par l'importance du chiffre donné, mais elle ne touche pas; ces dons, qui méritent d'être loués et encouragés, car ils sèchent des larmes et soulagent des misères, n'enlèvent rien au bien-être de ceux qui les font : Mais il est des charités touchantes, ce sont celles qui, prises sur le nécessaire, ont pour contre partie une privation : c'est dans cette catégorie qu'il faut classer le trait de quelques ouvriers parisiens qui, au moment d'entrer dans leur restaurant à 75 cent., se rappelant tout à coup les malheureux que l'inondation a réduits à la misère, se reprochaient le luxe de leur modeste dîner, et, se contentant d'un morceau de pain, s'empressaient de porter chez le commissaire de police de leur quartier la petite somme réservée pour leur repas.

A ce fait nous pourrions en ajouter beaucoup d'autres analogues. Des ouvriers de Paris annonçaient, par une lettre couverte d'un grand nombre de signatures, qu'ils se proposaient d'abandonner le samedi 21 juin, le produit de leur journée de travail, et conviaient tous les ouvriers de France à suivre leur exemple. « Le samedi 21 juin, disent-ils, sera la fête du travail. » Et ajoutons-le, en bien des endroits, cet appel a été entendu.

Dans le grand désastre qui a frappé la France, l'exemple de la générosité venue d'en haut a, en descendant les degrés de la hiérarchie sociale, été suivi par tous, et, dans les souscriptions faites pour les inondés, le billet de banque du capitaliste se rencontre avec la monnaie de billon du travailleur.

Mais plus touchante encore que tout ce qu'on pourrait raconter est la conduite d'une brave femme de 82 ans, réduite au strict nécessaire de l'hospice des Incurables, et qui ne possédant que sa maigre pitance journalière, l'a vendue, et est restée vingt-quatre heures sans manger pour verser 25 centimes à la souscription des inondés!!!

Assurément on ne peut assez gémir sur tant de désastres, mais on

PARIS. — Typographie LACOUR, rue Souflot, 18.

peut dire néanmoins qu'il en est sorti quelque chose de bon et d'heureux. Ainsi, cette assistance donnée et reçue au milieu de la confusion générale; ces traits de courage; cet empressement qui s'est
produit de toutes parts en faveur des victimes de l'inondation; cette
charité qui se multiplie; cet oubli de soi-même en présence des calamités publiques; cet échange de services et de reconnaissance;

Un convoi se trouve pris comme dans un îlot.

tant de belles actions, tant de généreux sentiments devront éteindre
bien des haines, dissiper bien des préjugés, rapprocher bien des
hommes, et faire disparaître cette défiance réciproque et si mal
fondée le plus souvent, qui, véritable muraille, sépare notre société
française en deux camps. Nous aurons du moins tiré ce profit des
maux qui sont venus fondre sur nous.

XVII.

VOYAGES DE L'EMPEREUR.

Du 1er au 11 juin. — Dijon, Lyon ; visite dans les quartiers inondés. — Les secours ; épisodes. — Valence, Avignon ; arrivée en bateau. — Tarascon ; la barque
du marinier ; l'Empereur porté à dos d'homme. — Arles. — Visite aux inondés
de la Loire ; Orléans ; Blois. — Arrivée à Tours, parcours en bateau. — Départ
pour Angers. — Le Mans. — Visite aux Ardoisières. — Nantes. — Retour.

Nous venons de raconter la bienfaisance et le dévoûment des
particuliers et des administrations, l'élan spontané de tous les
cœurs vers de si grandes infortunes, les sympathies des chefs même
des gouvernements étrangers. Nous avons maintenant à dire ce
qu'a fait le chef de l'État, et la conduite qu'il a tenue. Nous n'aurons
pas à sortir un instant du rôle impartial que nous avons gardé jusqu'ici ; nous continuerons à laisser parler les faits.

Du 1er au 11 juin, l'Empereur, sauf un jour de repos, le dimanche 8, a été constamment présent sur les principaux théâtres des
désastres.

Le 1er juin, dès que la nouvelle arriva à Saint-Cloud, où il se
trouvait, des malheurs qui commençaient à se manifester à Lyon,
voulant partir immédiatement, incognito, c'est-à-dire sans les embarras de la représentation et des réceptions officielles, il quitta les
Tuileries avec un frac militaire, un sabre au ceinturon, un képi d'officier, et sa suite, composée de six personnes.

Arrivé le soir à 9 heures et demie à Dijon, incognito, il a fait
à pied, avec une escorte de quelques personnes seulement,
le trajet de la gare à l'hôtel de la Cloche, où il a passé la nuit. Il
avait quitté Paris tellement à la hâte, que c'est à peine si on était
prévenu une heure d'avance de son passage à Dijon. Quelques fonctionnaires ont été reçus le soir même par Sa Majesté, et le lendemain matin le préfet, le général Ricard et le maire, l'ont accompagné jusqu'au chemin de fer. La foule était des plus nombreuses sur
toute la ligne qu'a parcourue l'Empereur, et les acclamations de
bien-venue ont incessamment retenti pendant le trajet.

Parmi les épisodes qui ont signalé la présence de quelques
heures de Napoléon à Dijon, nous citerons le suivant :

Deux militaires du 21e de ligne, de passage à Dijon, l'un amputé
d'une jambe et l'autre blessé au bras en Crimée, et qui n'avaient

reçu encore aucune récompense, sollicitèrent l'honneur d'être présentés au général Niel. Le brave général, après les avoir écoutés, alla immédiatement parler d'eux à l'Empereur, qui voulut les voir et attacha lui-même à leur boutonnière la décoration de la médaille militaire, et donna à chacun 40 fr. pour leur aider à gagner moins péniblement leurs foyers. Il serait difficile d'exprimer le bonheur et l'émotion de ces deux pauvres militaires en sortant de l'hôtel de la Cloche; ils étaient fiers de la justice que l'Empereur venait de leur rendre, et serraient la main de toutes les personnes qui les interrogeaient sur l'accueil qu'ils avaient reçu.

Parti de Dijon à 7 heures du matin, il arrivait le lundi 2, à 10 heures et demie à Lyon, où une modeste voiture suivie de quelques Cent-Gardes le conduisait à l'hôtel de l'Europe. Son premier acte a été de donner 25,000 fr. sur sa cassette pour les victimes; il n'avait pas encore vu le théâtre du sinistre, et le lendemain, après cette visite, il s'inscrivait personnellement pour 100,000 fr. sur la liste de souscription; il ordonnait que 300 mille fr. fussent alloués à la ville de Lyon sur un fonds de deux millions votés par acclamation par le Corps législatif, et il faisait envoyer 25,000 fr. au préfet de l'Isère pour les inondés de ce département.

A onze heures et demie, il montait à cheval, et, suivi du maréchal Castellane et d'un peloton de dragons, il se dirigeait par la rue impériale et le pont Morand vers les Charpennes.

De là il revint prendre la rue de Saxe et le cours Lafayette, pour aller visiter la coupure du chemin de ronde.

Ensuite il se dirigea par le cours Lafayette et le cours Bourbon vers la Guillotière; à une heure et quart il rentrait en ville.

L'empereur s'était arrêté, dans ce long trajet, sur les lieux qui avaient le plus souffert, examinant l'étendue du lieu du désastre et distribuant des secours aux pauvres gens dont le dénûment le frappait.

Près du pont du Concert, sur la rive gauche, une femme s'était approchée de lui en criant : *Vive l'Empereur !* L'escorte et la police voulaient l'écarter, mais Sa Majesté donna l'ordre de la laisser avancer, et lui dit, en lui remettant une poignée de pièces d'or : « Tenez pauvre femme ! voilà pour acheter du pain ! »

En même temps que la foule se portait sur ses pas, l'entourait et le saluait de ses acclamations, toutes les maisons se pavoisaient spontanément de drapeaux tricolores.

Il est littéralement impossible de dire combien était enthousiaste l'accueil fait à Sa Majesté sur toute la route. A chaque pas l'Empereur rencontrait de pauvres gens ruinés par le fléau et qui l'imploraient. Sa Majesté avait auprès d'elle le général Niel, son aide-de-camp, qui tenait un sac plein d'or, y puisait d'une main large et donnait à tous ces malheureux un premier secours destiné à adoucir leurs souffrances actuelles. Une somme considérable s'est trouvée distribuée de la sorte.

Ce sont les quartiers désolés que l'Empereur voulut parcourir en détail. Il se portait partout, traversait les nappes et les courants, ayant de l'eau jusqu'au poitrail de son cheval. M. Vaïsse, administrateur du département du Rhône et M. le ministre des travaux publics, qui accompagnaient l'Empereur, furent obligés, pour le suivre, de de quitter leur voiture que les eaux soulevaient. Ils durent traverser les divers cours d'eau, soit en barque, soit à pied, sur les planches posées au bord des rues. L'Empereur était visiblement ému : il était pâle, il contemplait tant de désastres avec une impression de tristesse profonde. Les larmes roulaient dans ses yeux, et à plusieurs reprises elles ont jailli de ses paupières et coulé sur son visage. Rien ne saurait exprimer ce qui, durant cette visite, s'est passé entre le souverain de la France et ce pauvre peuple désolé. L'Empereur était sans gardes et sans suite, pour ainsi dire, au milieu de ces malheureux : de pauvres femmes, de petits enfants se pressaient autour de son cheval. L'empereur s'arrêtait avec une douleur et une bonté extrêmes ; il paraissait de préférence se porter vers les plus faibles et les plus abandonnés.

Durant sa visite à la Guillotière, une vieille femme, dans une position voisine de la misère, s'approcha, poussée par la curiosité, du cheval de Sa Majesté, et reçut trois pièces d'or. Fort étonnée de cette libéralité, à laquelle elle ne s'attendait pas, la vieille femme regardait avec étonnement l'or qui brillait dans sa main. « L'Empereur vous a prise pour une inondée, lui dit un ouvrier.—Dans ce cas, répondit la pauvresse, cet or n'est pas pour moi ; notre maison est debout, Dieu merci. » Et avec une délicatesse qu'elle ignorait elle-même, la vieille femme remit à des inondés la somme qu'elle venait de recevoir.

N'est-ce pas le rôle du pouvoir souverain de multiplier ses bienfaits au milieu des calamités ? La reconnaissance et l'attendrissement se manifestaient en silence à travers la consternation des inondés. Mais la population des quartiers d'au-delà du Rhône, qui s'était portée avec empressement à cette touchante entrevue du souverain et du malheur, éclatait en acclamations avec un enthousiasme qu'il est plus facile de comprendre que de décrire. Au retour de cette longue visite sur les lieux de l'inondation, l'Empereur trouva la ville entière électrisée.

L'Empereur, après avoir visité les quartiers inondés, se rendit, avec le maréchal de Castellane, au camp de Sathonay, où il passa la revue des troupes et fit une distribution de croix et de médailles militaires. Cet visite excitait dans tous les régiments le plus vif enthousiasme.

De retour un peu avant sept heures, Sa Majesté daigna admettre à sa table, outre les personnages éminents qui l'avaient accompagnée, le maréchal comte de Castellane, le cardinal Bonald, archevêque de Lyon; M. le sénateur Vaïsse, M. le premier président Gilardin, M. le procureur général Devienne, président du conseil municipal; les ingénieurs des ponts et chaussées.

Le soir, Sa Majesté se montra à plusieurs reprises, à la fenêtre, où sa présence était saluée des cris répétés de : Vive l'Empereur!

Le lendemain, mardi 3 juin, l'Empereur repartit par le chemin de fer de la Méditerranée, pour Valence et Avignon, où l'attendait encore, ainsi que sur toute la route, un pénible spectacle. La foule se pressait partout sur ses pas et lui adressait les adieux les plus chaleureux.

Entre Lyon et Valence, l'Empereur s'arrêtait dans les villes qui avaient le plus souffert. Sa Majesté remit dans ces stations pour les victimes de l'inondation : à Vienne, 10,000 fr. ; aux Roches de Condrieu, 2,000 fr. ; à Tain, 7,000 fr. ; à Tournon, 2,000 fr. ; à Valence, 20,000 fr. Dans cette dernière ville, où il était arrivé à 9 heures 1/2 il remit, en outre, 20,000 fr. au préfet de la Drôme pour les inondés de ce département. Partout sa présence regardée comme un bienfait providentiel, était acclamée par les populations.

Une dépêche télégraphique publiée à Avignon, dans la matinée du 3 juin, a annonçait l'arrivée de l'Empereur dans cette ville pour 2 heures et demie, et elle ne tarda que d'une demi-heure.

L'émotion, l'attente firent cesser presque aussitôt les douloureuses préoccupations, la satisfaction vint dilater tous les cœurs, adoucir les misères, et donner aux dévoûments une énergie nouvelle. A une heure, le préfet, l'archevêque, le général Guillot, le maire d'Avignon et ses adjoints allèrent en bateau jusqu'à la gare, pour recevoir Sa Majesté, car l'inondation ne permettait pas de pénétrer dans la ville à pied sec.

A sa descente de wagon, le préfet de Vaucluse, auquel l'Empereur avait tendu la main, lui dit : « Sire, nous ne vous amenons pas « un nombreux cortége; mais il y a dans notre malheureuse ville

« d'Avignon toute une population dont les cœurs battent de joie et
« d'ivresse à la nouvelle de l'arrivée de Votre Majesté. »

L'archevêque s'étant alors approché, d'une voix émue se fit,
auprès de l'Empereur, l'interprète des sentiments et des besoins de
la population. Nous regrettons de ne pouvoir donner qu'une ana-
lyse trop imparfaite de la vive et touchante improvisation du
prélat.

SIRE,

« Vous avez été le sauveur de la Patrie, aujourd'hui vous vous en
montrez le père.

« Votre génie a relevé la France à la hauteur de ses destinées ; la
charité qui vous fait accourir près de nous, prompt comme le fléau
qui couvre de désolation notre cité et nos compagnes, vous élève un
trône dans le cœur de tous les malheureux.

« La première leçon que vous donnez à votre fils, est une leçon
de chrétien. Elle descendra sur son berceau comme une féconde
bénédiction, et la France, au milieu des plus grandes épreuves, ne
cessera de porter de douces espérances dans l'avenir le plus re-
culé. »

L'Empereur pressa les mains de l'archevêque et le remercia avec
effusion des paroles qu'il venait de lui adresser.

Durant ce temps, les troupes de la garnison descendaient sur la
place de l'Hôtel de Ville et se rangeaient en bataille. Une double
haie de fantassins longeait la rue de Saint-Agricol où devait débar-
quer l'Empereur. La population se portait avec empressement à sa
rencontre. Toutes les maisons étaient pavoisées, toutes les fenêtres
occupées. S. M. entra en bateau par la porte Saint-Michel, au milieu
des plus touchantes acclamations. Elle est arrivée par la rue Calade,
au point de débarquement où elle monta dans la voiture du préfet
de Vaucluse, et, de la rue Saint-Agricol, se dirigea sur l'Hôtel
de Ville, répondant gracieusement aux vivats multipliés de la
foule.

Avant de quitter l'Hôtel de Ville, l'Empereur se fit présenter le
maire de Tarascon qui était venu à cet effet à Avignon, et remit à
cet honorable fonctionnaire 20,000 francs pour subvenir aux premiers besoins des inondés de sa commune.

Passant ensuite rapidement devant le front des troupes rangées
sur la place de l'Hôtel de Ville, S. M. qui était remontée en voiture, se dirigea sans escorte sur le rocher d'où elle put juger de
toute l'étendue des désastres causés par l'inondation.

C'est là qu'on le vit en compagnie de l'archevêque, du maire, d'un rameur, pour ne pas trop charger l'embarcation, parcourir les rues les plus petites, les plus populeuses et les plus pauvres, et dirigeant lui-même les distributions et le sauvetage.

Avant de partir, S. M. laissa entre les mains de M. le préfet de Vaucluse, pour être distribuée en secours aux inondés, une somme de 50,000 fr.

Malgré l'avis contraire des personnes de sa suite, S. M. voulut se rendre à Tarascon et Arles. Elle dut effectuer ce voyage, partie par le chemin de fer et partie en bateau, à travers les diverses brèches occasionnées, à partir de Graveson, par la rupture de la chaussée du chemin de fer. Ce dédain du danger, partout où un but utile se présente à sa pensée, qui est un des traits caractéristiques de l'Empereur, ne pouvait manquer de frapper vivement l'esprit des populations.

Quand il arriva à Tarascon, devant cette nappe d'eau qui s'étendait jusqu'à Arles, et devant cette belle vallée de Tarascon, dont il ne voyait plus que la cime des arbres, il ne dit pas un seul mot, tant il était consterné. « Il a joint les deux mains, racontait une bonne femme du pays, et il a fait : « Oh ! mon Dieu ! »

Il était encore séparé de Tarascon par une lieue d'eau, de mûriers à fleur d'eau, de granges ruinées et qui apparaissaient à la surface comme autant d'écueils ; il sauta (c'est le mot) dans un batelet comme un soldat de marine, et déclara ne vouloir avec lui que le batelier. Six hommes des Cent-Gardes étaient à terre et voulaient le suivre ; il leva la main et montra trois doigts ouverts, ce qui voulait dire qu'il n'y avait place que pour trois. C'est ainsi qu'il partit au secours de Tarascon et d'Arles, à travers les courans d'eau et une forêt d'arbres.

Le lendemain, on l'attendait à son retour et au même endroit. Le même batelet le ramena, et cette fois le batelier le chargea sur ses épaules, comme il eût fait de son fils ou de son père, et le porta ainsi, passant dans l'eau et la terre détrempée, jusque sur le chemin de fer, aux cris de joie de toute une population qui admirait ce dévoûment sans bornes.

Les populations, avec leurs autorités en tête, se portaient en masse sur son passage.

A Montélimar, il remit pour les victimes de l'inondation une somme de 4,000 fr.

A la Palud, où les ravages ont été très considérables, il donnait 4,000 fr.

A la station d'Orange, il passait en revue une batterie de l'artillerie à cheval de la garde venant de Crimée et un escadron du train des équipages.

Enfin, à 7 heures du soir, il arrivait à Arles, et sans prendre un instant de repos, il se rendait à la tour des Arènes, afin d'embrasser d'un coup d'œil l'immense étendue des terrains inondés entre la ville et la mer. L'accueil de la population n'était pas moins enthousiaste et ne témoignait pas d'une émotion moins profonde que celui des villes et des villages que Sa Majesté avait traversés dans ce pénible trajet.

Après s'être entretenu avec les autorités, avoir distribué des secours, des encouragements et des récompenses, il se décida à prendre quelque repos.

Dès le point du jour, le 4, il était sur pied, et, à huit heures, après avoir parcouru la ville et la campagne dévastée par l'irruption des eaux, il repartait pour Avignon, où il arrivait vers dix heures du matin. A dix heures un quart, il prenait la route de Lyon, où il arrivait à cinq heures d'après-midi, et passait la revue des troupes réunies sous le commandement du maréchal Castellane. Puis il repartait à huit heures, et rentrait le lendemain à sept heures du matin à Paris, d'où il se rendait à Saint-Cloud.

Mais il ne devait pas s'y arrêter longtemps. Les nouvelles de la Loire arrivaient à chaque minute par le télégraphe qui donne près de son cabinet, et annonçaient des désastres non moins graves que ceux auxquels il venait d'assister. Le 6, il quittait donc de nouveau sa résidence favorite pour aller porter des consolations et des secours aux inondés de la Loire.

L'Empereur était accompagné du Ministre de l'agriculture et des travaux publics, ainsi que des généraux Niel et Fleury, ses aides de camp, qui venaient de faire avec lui le voyage d'exploration dans les départements inondés par suite de la crue des eaux du Rhône et de la Saône.

Il était en petite tenue de général de division. Six hommes du corps des Cent-Gardes et leurs chevaux étaient partis par le train impérial. Sa Majesté emmenait avec elle une chaise de poste, quatre chevaux d'attelage et leurs postillons, et deux chevaux de selle.

L'Empereur est arrivé à Orléans à onze heures dix minutes, et a visité de suite les quartiers inondés. Il s'est rendu ensuite sur la jetée de Saint-Pryvé pour se rendre compte de l'étendue des désastres.

Après avoir distribué 120 mille francs pour les premiers secours

Paris. — Typographie Lacour, rue Soufflot, 18.

nécessités par les circonstances, et donné les ordres pour activer les travaux, Sa Majesté quitta Orléans à midi et demi, pour se rendre à Blois, où elle arrivait à une heure quinze minutes.

Dès son arrivée, l'Empereur montait en voiture avec le préfet du département pour visiter le théâtre de l'inondation, c'est-à-dire les quais et le faubourg de Vienne, et les digues jusqu'au déversoir établi.

La population s'était réfugiée sur les collines formées de débris d'ardoises.

À Blois, comme à Orléans, la population tout entière se portait sur son passage, et l'accueillait par les témoignages les plus chaleureux de reconnaissance et d'affection.

L'Empereur, après cette visite à Blois, prenait la poste pour se rendre à Tours, et couchait à Château-Renault.

Parti de grand matin, le 7, de cette ville, il arrivait à 9 heures à Tours, se dirigeait immédiatement par les quais, en amont de la rive gauche de la Loire, jusqu'au canal de jonction du Cher. Là, il se faisait rendre, par les ingénieurs, un compte détaillé des divers incidents de la crûe et des travaux exécutés d'urgence.

Après avoir examiné la brèche de l'une des levées de la gare du canal par laquelle les eaux de la Loire se sont introduites dans la ville, Sa Majesté montait en bateau pour visiter tous les quartiers inondés. Cette visite dura près de deux heures. L'Empereur entra ensuite par la rue Royale à la préfecture ; puis il quitta Tours à midi et demi, et reprit le chemin de Blois où il arriva à six heures. Dans ce voyage, il avait remis, sur sa cassette, pour secours aux inondés, au préfet du Loiret, vingt mille francs, au maire de Beaugency, cinq mille francs, au préfet de Loir-et-Cher, vingt mille francs, au préfet d'Indre-et-Loire, cinquante mille francs, et il avait envoyé la même somme de cinquante mille francs au préfet de Maine-et-Loire.

Dans la soirée il rentrait à Saint-Cloud, d'où il repartait le lundi, 9, pour Angers, où il n'avait pu se rendre par Tours, à cause de l'interruption des communications. En quittant Saint-Cloud, il alla à Versailles gagner le chemin de l'Ouest. Il s'était fait accompagner des généraux Niel et Fleury, ses aides-de-camp. Un train spécial, destiné à transporter Sa Majesté jusqu'au Mans, avait été préparé d'après ses ordres. A sept heures du matin, l'Empereur monta dans son wagon où ont pris place MM. les administrateurs et plusieurs ingénieurs.

A dix heures, il arrivait au Mans, d'où il repartait au bout d'une heure et demie, en chaise de poste.

A peine arrivé à Angers, il parcourait déjà en bateau les parties inondées et se rendait aux Ardoisières, où l'attendait une foule immense d'ouvriers, de femmes et d'enfants groupés sur les hauteurs. A son aspect, le cri de : Vive l'Empereur ! s'échappa de toutes les bouches avec un enthousiasme qu'on ne saurait décrire. Ces ouvriers, naguère égarés, reconnaissaient et acclamaient comme leur meilleur ami celui qui bravait le danger pour les secourir et les consoler. L'Empereur, après leur avoir laissé des marques de sa munificence et les avoir encouragés par quelques bonnes paroles, se sépara d'eux au milieu des bénédictions universelles.

D'Angers, il se rendit à Nantes, où arrivé le 11, il se mit immédiatement à visiter les lieux ravagés par l'inondation. Les sentiments de la population nantaise se manifestèrent également par les acclamations les plus chaleureuses.

L'Empereur décora de sa main quelques-unes des personnes qui s'étaient le plus signalées par leur courage et leur dévoûment.

A Nantes, comme à Angers, il donna sur sa cassette particulière des sommes considérables pour subvenir aux besoins des plus nécessiteux.

Les sommes ainsi distribués par Sa Majesté dans ses visites aux inondés du Rhône et de la Loire s'élèvent à plus de six cent mille francs.

Le même jour, 11 juin, il revenait de nouveau à Saint Cloud, et sa santé avait parfaitement soutenu les fatigues de ces voyages précipités.

Cette généreuse initiative a servi d'exemple au mouvement général qui pousse aujourd'hui la France entière et même des souverains et des nations étrangères à venir au secours des victimes du fléau. Cependant l'empressement avec lequel l'Empereur est accouru au milieu des populations inondées pour les consoler par sa présence, ranimer leur courage et sympathiser à leurs souffrances, les a surtout profondément touchées.

Nous terminerons par une preuve irrécusable de ce résultat ; c'est une lettre qui a déjà reçu une grande publicité, et qui était adressée par un homme des opinions les plus avancées à un de ses amis de Paris :

« ... Tu connais mes opinions ; elles n'ont jamais varié et ne va-
« rieront jamais ; mais je n'ai pu m'empêcher d'admirer cet *homme-*
« *là :* je l'ai vu s'embarquer au milieu d'une véritable mer cour-
« roucée, dans une coquille de noix, sur laquelle je n'aurais osé me
« risquer pour sauver ma propre maison. »

XVIII

HISTORIQUE DES INONDATIONS.

Les fleuves de France les plus sujets aux débordements. — Le Rhône. — La Seine, le Cher, la Loire. — Documents curieux. — Les inondations depuis le 5e siècle, tableau historique.

Les sinistres de 1856 ont naturellement reporté l'attention sur ceux qui les ont précédés, et ramené le souvenir des documents et des traditions d'un haut intérêt. Notre travail ne serait pas complet si nous ne venions à notre tour puiser à ces renseignements, en leur empruntant les dates et les mentions qui peuvent surtout arrêter l'esprit de nos lecteurs.

Les cours d'eau du territoire français les plus sujets aux débordements sont ceux qui prennent leur origine dans les contreforts primordiaux des systèmes des Alpes et des Pyrénées, tels que le Rhône, la Garonne, l'Adour, le Rhin et leurs principaux affluents.

Puis, en descendant aux branches secondaires de ces systèmes, la Seine, — qui prend sa source dans le plateau de Langres, et plus encore, — la Loire, qui découle des flancs granitiques des célèbres montagnes des Cévennes, participent à ces inconvénients,

Pour nous attacher aux fleuves qui ont, cette fois, justifié leur trop redoutable réputation, occupons-nous d'abord du Rhône, et demandons à M. Matthieu, auteur d'un travail extrêmement remarquable et plein d'actualité, publié dans la *Revue de Marseille*, la permission de lui faire de larges emprunts.

Ce fleuve qui, selon Pline, doit son nom à la ville de Rhodé, fondée par une colonie de Rhodiens qui était venue s'établir dans le midi des Gaules, et qui, suivant d'autres auteurs, est dérivé du mot celtique Rodun, qui signifie force et s'applique si bien à son cours impétueux, a, dans tous les siècles et cela à des intervalles assez rapprochés, pendant les grandes pluies d'automne ou à l'époque de la fonte des neiges, franchi violemment ses bords et porté la désolation et la terreur parmi les populations riveraines.

Les Romains qui habitaient les cités qui bordent le Rhône élevèrent sur divers points des digues formidables pour échapper aux inondations périodiques de ce fleuve. Les remparts de la ville de Beaucaire sont construits en partie sur un reste de murs bâtis par les Romains, d'autres vestiges de ces murs ont été retrouvés dans les caves des maisons élevées le long du Rhône.

Leur épaisseur est considérable; ils prenaient naissance au rocher du château et s'étendaient du côté du fleuve pour préserver la ville d'*Ugernum* de ses fréquentes inondations.

Le plus ancien débordement du Rhône dont les historiens nous aient transmis le souvenir, remonte à l'année 580. La plaine des Brotteaux à Lyon fut changée en un lac immense; les dégâts furent considérables, le Rhône, la Saône qui formaient alors leur jonction au-dessous d'Ainay, se réunirent au-dessus de la ville vers Saint-Nizier, les eaux s'élevèrent à une telle hauteur, qu'une grande partie des murailles de la ville furent emportées et de nombreux édifices détruits. Les eaux après trois jours de crûe semblaient enfin se retirer, lorsque le ciel se couvrit de nouveau de nuages sombres et une pluie abondante vint encore augmenter le volume des eaux. Tous les habitants de la plaine devant cette nouvelle calamité se réfugièrent avec leurs femmes, leurs enfants, et le plus précieux de

leurs biens, sur les collines de Saint-Just et de Saint-Sébastien, et
là, nuit et jour en prière, ils attendirent, suivant les chroniqueurs
du temps, que la justice de Dieu fût apaisée.

Ce qu'il y a de remarquable, ajoute le père Ménestrier, après
avoir cité et traduit un passage de Grégoire de Tours, qui fait mention de cette désastreuse inondation, c'est qu'après ce débordement
les arbres se recouvrirent de feuilles au mois de septembre.

Bien que de nouvelles crûes aient pu faire sortir le Rhône de son
lit et porter la dévastation sur ses bords, puisqu'en moyenne on
compte six ou sept grandes inondations par siècle, l'histoire n'a pas
gardé le souvenir de toutes celles qui eurent lieu dans des temps
reculés. C'est ainsi qu'après celle que nous venons de citer, six
siècles s'écoulent sans que l'histoire fasse mention de nouveaux
débordements, et il faut arriver jusqu'en 1196, où elle relate qu'a-
près une pluie presque continuelle et qui dura plus de deux mois,
les eaux du Rhône, considérablement grossies, se répandirent dans
les plaines riveraines, renversant tout sur leur passage, un grand
nombre d'hommes et de bestiaux périrent sous les flots, plusieurs
des villes et bourgs assis sur les bords du Rhône furent submergés et détruits. Cette inondation amena une suspension d'hostilités
entre Richard Cœur-de-Lion et Philippe-Auguste.

En 1226, le 17 septembre, le Rhône sortant de son lit, exerça les
plus grands ravages. La ville d'Avignon surtout eut beaucoup
à souffrir de cette inondation qui vint se joindre aux horreurs de la
guerre.

Cette malheureuse cité avait, à l'exemple du comte de Toulouse,
embrassé la cause des Albigeois, Louis VIII vint avec une armée
considérable en faire le siége au commencement de l'année 1226;
le siège dura trois mois, et Louis VIII ne se rendit maître de la
ville qu'après avoir perdu vingt-deux mille hommes de son armée;
aussi obligea-t-il les Avignonnais à raser complètement les remparts qui protégeaient leur cité, tant contre les ennemis du dehors
que contre les débordements du Rhône. L'inondation dont nous
avons parlé plus haut étant arrivée quelques mois après ce siège
fameux, les eaux ne trouvant plus d'obstacle à leur libre introduc-
tion dans la ville, se répandirent avec force dans la partie basse, y
causèrent de grands dégâts et ajoutèrent à la misère du peuple.

Dans le quatorzième siècle de nombreuses inondations se succè-
dèrent. Les désastres qu'elles causèrent furent immenses.

En 1338, le Rhône se répandit dans les plaines et fit de nombreuses victimes. En 1356, le Rhône et la Durance sortirent de leurs

lits et ravagèrent les campagnes environnantes, l'hiver qui suivit cette inondation fût des plus rigoureux. Le fleuve charia des glaçons, la famine survint et la mesure de blé, suivant les historiens, valait à Avignon jusqu'à huit florins ou 69 livres.

A la suite de toutes ces calamités et comme complément inévitable, la peste vint fondre sur cette malheureuse cité, et du mois de mars au mois de juillet 1361, on y compta jusqu'à dix-sept mille victimes.

L'année qui suivit, au mois d'octobre 1362, une nouvelle inondation survint avec tant de violence que les remparts d'Avignon qui avaient été relevés peu après l'inondation de 1262, furent renversés depuis la porte Limbert jusqu'à celle de St-Michel ; cette inondation ne fut pas la dernière de ce siècle, les eaux firent encore de nouveaux ravages en 1375.

Des lettres patentes données par Charles V, en date de 1408, constatent les affreux dégâts causés dans le courant de cette année par les débordements du Rhône et de la Saône qui amenèrent les plus grands malheurs et détruisirent à Lyon, entre ces deux rivières, plus de deux cents maisons.

En 1433, inondation terrible qui ravage particulièrement le territoire d'Arles et fait périr un grand nombre de bestiaux. Le 30 novembre 1471, deux arches du pont d'Avignon sont emportées, ainsi qu'une partie des remparts du côté du Limas. En 1476, les eaux du Rhône grossissant tout à coup emportent une arcade du Pont de Lyon et causent dans cette cité de grands ravages.

La fonte des neiges causa en juillet 1501 une nouvelle crûe qui endommagea plusieurs ponts sur le Rhône ; au mois de novembre 1544, et les 12, 13 et 14 du même mois de l'année 1548, nouvelles inondations qui causèrent des dégats à Avignon, Tarascon et Arles.

Suivant l'auteur des nouvelles recherches pour servir à l'histoire de Beaucaire, une grande inondation du Rhône eut lieu en 1561 ; la haussée, à Beaucaire, fut entr'ouverte du côté des fours à chaux, près de l'endroit où se trouve aujourd'hui la prise d'eau du canal ; Charles IX s'empressa de venir au secours des habitants de Beaucaire ; il leur fit présent, le 23 juillet, de 2,217 livres.

Dans la seconde moitié du XVIe siècle, l'histoire fait mention de l'une des plus désastreuses inondations du Rhône. Suivant les chroniqueurs du temps, elle arriva à Lyon comme un grand et terrible châtiment, le samedi 2 décembre 1570, vers les onze heures du soir. Qu'on songe à l'épouvante et à la frayeur de tout ce peuple surpris par le terrible élément au milieu de son repos et dans les ténèbres les plus épaisses. Il s'en suivit un tel désordre qu'il coûta la vie à un grand nombre d'infortunés qui, en voulant sauver leur proches, se perdaient eux-mêmes dans les flots. Cette inondation commença, comme nous venons de le dire, un samedi à onze heures du soir, et les eaux du Rhône continuèrent à monter jusqu'au lundi suivant à trois heures. Nous laissons à un chroniqueur du temps le soin de faire connaître à nos lecteurs, et dans le style de l'époque, toutes les horreurs de cette affreuse calamité :

« Lorsque, dit ce chroniqueur, cette formidable inondation commençait à gagner le bas de la ville, vous eussiez vu le peuple courir à toute bride, de çà et là, pour mettre leur vie en sauveté et franchise; les uns en la montagne, les autres de rue en rue gagnant toujours le haut, ayant crainte d'être suivis et accoursés des eaux, de manière que ni précieux meubles, ni papiers importants, ni or, ni argent les pouvait arrêter; c'était grand pitié et pauvreté de ce misérable état et spectacle (si spectacle peut être où l'on ne voit goutte). Les eaux étaient par canaux emy les rues ; les maisons dégravées de leurs fondements trébuchaient avec grand'ruine dessus les personnes qui n'avaient eu loisir de se sauver ; aux autres la mort était continue avec le sommeil.

« Davantage (qui est fort admirable), la rivière de Saône tranquille et coye de son naturel, ayant quitté sa linité et douce tranquillité, semblait être conjurée avec le Rhône, en l'exécution de ces misères ; car s'étant venue joindre au Rhône en la place de Confort, augmenta grandement la furie des eaux du Rhône et furent vus ensemble ès-lieu où jamais n'avaient été conjoints.

« Alors recommencèrent à redoubler les ruines des bâtiments, les submersions des personnes, le naufrage d'une infinité de biens. Le pont du Rhône fut tellement secoué et ébranlé par l'impétuosité des flots, que quelques parties d'arches furent ruées par terre. »

Les ruines les plus considérables furent au bourg de la Guillotière. Mais au milieu de tant d'infortunes, on vit les plus beaux dévoûments. Le gouverneur de la ville, monseigneur de Mandelot, suivi de ses gentilshommes, s'exposa mille fois pour sauver la vie à des malheureux qui allaient être submergés ; son noble exemple trouva de nombreux imitateurs, les jeunes nobles de la ville, suivis d'une foule de gens du peuple dévoués, se portèrent sur tous les points menacés et arrachèrent un grand nombre de victimes à une mort certaine.

Quelques années après cette terrible inondation c'est-à-dire au mois d'octobre 1573, le Rhône déborda avec une telle fureur, qu'il passa par-dessus les chaussées de Beaucaire, fit brèche sur plusieurs points, surtout à la *pauze* Saint-Martin. Suivant les historiens de cette ville, cette inondation est l'une des plus grandes dont les annales locales fassent mention ; il en coûta énormément pour remettre les chaussées en état, et même elles ne purent l'être qu'après plusieurs années.

En 1580 et le 24 août, le Rhône sortit brusquement de son lit. Il inonda tout le territoire d'Avignon et d'Arles, les chaussées de Beaucaire furent encore en partie détruites et les eaux se répandirent dans la plaine, ce qui n'était jamais arrivé dans le mois d'août. Cette inondation ne fut pas de longue durée, les eaux se retirèrent le lendemain. En 1590, une nouvelle crue du fleuve occasionna quelques désastres au pont Saint-Esprit et à Avignon.

La Saône ayant seule débordé en 1602, n'en causa pas moins de dégâts à Lyon. Les eaux s'étant élevées à une grande hauteur depuis la 18 jusqu'au 27 septembre, les quais et les églises des Augustins, des Jacobins et des Célestins furent inondés, quelques bâtiments de l'arsenal furent emportés. Le 29 novembre 1651, les eaux du Rhône grossirent tout à coup et débordèrent. Tournon, Tain et Valence eurent à souffrir de cette inondation qui emporta de nouveau une partie des chaussées de Beaucaire, du côté de Saint-Gilles ; les eaux ayant pénétré dans la plaine y croupirent longtemps et firent périr les semailles et tous les autres fruits de la terre. L'inondation qui survint en 1669 emporta le fameux pont de Saint-Bénézet à Avignon. Quelques autres inondations eurent encore lieu dans ce siècle en 1674, 1679 et 1694 ; la première de ces inondations dura six jours depuis le 12 jusqu'au 17 novembre.

La série des inondations du 18e siècle s'ouvre par celle du 12 mars 1706. En 1711 les nombreuses pluies du mois de janvier grossirent tellement les eaux du Rhône et de la Saône que la ville de Lyon fut inondée dès le 11 février. Le 26 les deux fleuves se joignirent, il y eut un grand émoi dans le quartier Bellecour.

Les eaux pénétrèrent dans plusieurs églises et arrivèrent jusque sur les degrés de l'autel de celle des Célestins. L'inondation de 1745, qui survint en novembre dura trois jours. Celle de 1755 fut plus considérable, elle dura huit jours : les eaux commencèrent à croître, le Rhône étant sorti de son lit baigna les murs de Beaucaire ; le 30 au matin il devint urgent d'étayer les portes donnant sur les quais ; des hommes formant huit postes furent envoyés pour consolider les chaussées, celles de Tarascon élevées en face ne résistèrent pas longtemps, elles furent emportées par les eaux qui péné-

PARIS. — Typographie LACOUR, rue Soufflot, 18.

trèrent dès lors dans la ville et y produisirent de grands dégâts. « La nuit du 30 novembre au 1er décembre, dit l'auteur des *Nouvelles Recherches* pour servir à l'histoire de Beaucaire, se passa dans les plus cruelles inquiétudes ; à 5 heures du matin le Rhône s'ouvrit un passage à travers la maison du sieur Foussat, près la porte de Saint-Pierre, cette maison chancelante tenait toute la ville en alarmes, une pluie continuelle rendait les secours plus lents, le bruit sourd des

Une pauvre femme remet 20,000 francs perdus en distribuant des secours.

eaux, l'horreur de la nuit, le son lugubre des cloches, les gémissements du peuple, jetaient les âmes les plus fermes dans l'abattement ; il était cependant nécessaire de pénétrer chez le sieur Foussat : une terrasse supérieure à la porte que le Rhône venait d'enfoncer, en facilita les moyens, et l'on vint à bout, à force de travail, de fermer exactement cette brèche. »

Tout-à-coup, on s'aperçut que deux autres portes étaient sur le point de plier sous les eaux. L'alarme fut à son comble. Une partie des habitants fuyaient déjà, lorsque les consuls, ne consultant que leur courage, se dirigèrent, à la tête de quelques citoyens dévoués, sur les points menacés et firent étayer les portes d'une manière inébranlable. Une fois la ville en sûreté, on apprit que les eaux refluaient dans la plaine, et on songea au sort des malheureux renfermés dans les métairies. Par les soins des consuls, un grand nombre de bateaux furent requis pour aller porter des secours aux infortunés qu'on voyait au loin sur les toits agitant des signaux de détresse; on songea aussi à organiser le sauvetage des bestiaux, et de grandes barques plates furent envoyées en cet endroit.

Le roi, ému à la vue d'un si grand désastre et pour subvenir en partie aux frais de la réparation des chaussées de Beaucaire, accorda un secours de six mille francs.

Dans la nuit du 15 au 16 janvier 1756, le Rhône déborda subitement. A Villeurbanne, l'eau atteignit le premier étage des maisons, vingt-cinq d'entre elles furent emportées; à Lyon, les deux fleuves se réunirent sur la place de Bellecour.

Au mois de juillet 1755, à la suite des grandes pluies, les eaux du Rhône envahirent la prairie de Beaucaire; le 23 juillet, les eaux montèrent à plus de trois pieds au-dessus des quais. On se trouvait au moment le plus brillant de la foire, les marchands abandonnèrent à la hâte les baraques où ils n'étaient plus en sûreté et se réfugièrent dans la ville ou sur la montagne. A cause de cet événement, l'intendant de la province rendit une ordonnance qui prolongea de quatre jours les franchises de la foire. Pour indemniser les habitants de Beaucaire des dépenses imprévues et des pertes qu'avait pu occasionner cette inondation, le roi accorda une somme de 15,000 liv.

En 1791, les eaux du Rhône ravagèrent les territoires d'Avignon et d'Arles; dans la seule commune de Barbentane, les dégâts s'élevèrent à plus de cent mille livres.

Depuis le commencement de ce siècle, les eaux du Rhône ont bien souvent encore porté la dévastation dans les contrées riveraines : en 1801, le Rhône sort de son lit le 24 mai. Nouvelle inondation en 1805 qui cause quelques dommages à Lyon. En 1810, une crue a encore lieu au mois de mai; en 1812, 1820 et 1823, inondations à Lyon. En 1827, le 10 octobre, les eaux envahissent le territoire d'Avignon et submergent en partie la Camargue. Autre inondation, mais moins forte en octobre 1837. Quant à celle de 1840, on peut la considérer comme l'une des plus désastreuses; le souvenir des malheurs qu'elle occasionna est encore présent à la mémoire de chacun. On sait les dégâts immenses que le Rhône et la Saône causèrent à Lyon. Des pont emportés, des villes à demi ruinées, des victimes sans nombre. A Tournon, le rez-de-chaussée et le premier étage du collége de cette ville furent évacués, et du haut des étages supérieurs les élèves contemplaient le spectacle le plus affreux qui se fût jamais offert à leurs yeux. Le ciel était sombre, le Rhône courait en furie, et le bruit sourd des flots qui venaient battre les habitations de la rive, celles qui s'écroulaient avec un grand fracas, le cri de détresse des victimes qui agitaient des signaux sur les toits de leurs maisons, les efforts surhumains des mariniers pour sauver les malheureux inondés et dont les barques sombraient quelquefois avec ceux qu'elles venaient de secourir, le son lugubre du tocsin que les cloches portaient constamment au loin, remplissaient l'âme d'une immense terreur.

Les eaux couvraient entièrement le pont du côté de Tain; toute la ville de Tournon était inondée, mais la ville de Tain qui s'élève en face et qui est si coquettement assise au pied du fameux coteau de l'Ermitage, était dans un bien plus déplorable état : toutes les maisons avaient été abandonnées, et le courant était aussi fort dans les rues qu'il l'est habituellement au milieu du Rhône. A Avignon, les neuf dixièmes de la ville furent submergés, l'eau s'éleva cette fois à plus de 80 centimètres au-dessus du niveau de 1753.

Les crûes répétées et considérables de la Seine n'ayant eu, cette année, qu'une importance heureusement secondaire comparées à celles du Rhône, de la Saône, de la Loire et du Cher, nous passerons à quelques renseignements historiques sur ces deux derniers.

Il existe à Tours, vers le milieu de la rue Saint-Etienne, une plaque en marbre indiquant la hauteur de l'inondation de la Loire et du Cher, le 28 mai 1567. Les eaux sont montées alors à 91 centimètres, non compris l'élévation du trottoir actuel, qui peut avoir 25 centimètres, soit 1 mètre 16 centimètres. Le 4 de ce mois, elles ont atteint 1 mètre 27 centimètres au-dessus du trottoir. Il en résulte donc que la dernière crûe, qui nous laissera d'aussi tristes souvenirs, compte 36 centimètres de plus que l'ancienne.

On voit, dans le pignon de l'église Saint-Mesmin, près d'Orléans, une pierre derrière la porte en entrant à main gauche sur laquelle on lit :

« L'an mil cinq cent soixante-sept,
« Du mois de mai le dix-sept,
« En cette place et endroit
« Se trouvèrent Loire et Loiret. »

A la suite du mandement que l'archevêque de Paris publia pour le soulagement des familles ruinées par le débordement de la Loire du 28 mai 1733, on trouve un mémoire plein de détails navrants sur l'inondation de vingt et une paroisses d'Orléans et des environs, comprenant treize lieues de longueur sur une lieue de largeur. La crûe était de 7 mètres; quantités de maisons furent détruites, des bestiaux furent noyés et des ponts emportés; la ville de Tours fut elle-même en partie submergée; il y avait dans l'église Saint-Martin huit pieds d'eau, et dans la cathédrale jusqu'à la hauteur du principal autel.

C'est exactement l'histoire de l'inondation actuelle.

On a beaucoup parlé de l'inondation de 1711. Les traces qu'elle laissées se retrouvent plus sur les repères riverains de nos fleuves que dans les ouvrages du temps. Voici à ce sujet deux documents qui ne manquent pas d'intérêt.

Le premier est extrait du tome XIV du *Journal historique sur les matières du temps.* Il contient un résumé des effets généraux de l'inondation qui a été commune à toute l'Europe.

« Les inondations ont été si générales les mois de février et de mars, par la fonte subite des neiges et une pluie continuelle, qu'il y a peu d'Etats dans l'Europe qui n'en aient souffert. Il faudrait composer un assez gros volume si l'on voulait entrer dans le détail du dégât que ces inondations ont causé. Il suffit de dire en termes généraux que presque toutes les rivières sont sorties de leur lit; que toutes les villes, bourgs et villages, situés dans les lieux bas, le long des fleuves et des rivières, en ont été endommagés; qu'une infinité de ponts et de moulins ont été emportés. A Lyon, le pont de bois sur la Saône fût emporté; on allait en bateau dans plusieurs rues, sur les quais, en Bellecour et dans la place Confort, On fut obligé de sortir l'artillerie, les poudres et autres munitions de guerre de l'arsenal à Vienne en Autriche. Deux ponts sur le Danube furent aussi emportés. Les débordements du Necker, du Rhin, de la Meuse, de la Moselle ont causé des dommages inestimables, fait périr des familles entières et submergé une prodigieuse quantité de bestiaux. En Suisse, les rivières de l'Art, l'Emme et le Sense ont tellement été enflées que non-seulement elles ont inondé tout le plat pays des environs, mais encore changé de cours et de lit en divers endroits, ont emporté des maisons et des villages entiers, la terre s'est éboulée en plusieurs endroits le long des montagnes, même à Berne dont plusieurs maisons ont été écrasées et d'autres fort ébranlées. Enfin la désolation a été si grande qu'on écrit de France, d'Espagne, d'Italie, de Suisse, d'Allemagne et de plusieurs villes des Pays-Bas, que les hommes les plus âgés, ni les remarques des historiens contemporains n'apprennent rien de si affreux en matière des inondations qu'ils ont vues. »

Le deuxième emprunté à un manuscrit de la Bibliothèque d'Angers, intitulé : *Journal d'Estienne Toisonnier*, avocat au siége présidal d'Angers, se rapporte à la Maine. Il est en date de février 1711, et ainsi conçu :

« Les eaux se sont extraordinairement débordées et ont inondé plus de la moitié de la ville. Les petits ponts des Treilles ont été emportés, plusieurs maisons sur les ponts de la ville et proche le Port-Ayrault, renversées. La désolation est des plus grandes à la campagne ; beaucoup de personnes noyées, et une infinité de bestiaux. L'eau a monté jusque près de la fontaine Pied de Boulet, et a tenu jusqu'à cette hauteur pendant quinze jours. »

En outre de ces pièces écrites *de visu*, les archives de la cour impériale d'Orléans, dans les liasses qui ont appartenu au greffe de la justice des grandes et petites chaussées, c'est-à-dire de la justice de l'Hotel-de-Ville, ont conservé deux documents d'une véritable importance à cet égard. Leur authenticité est incontestable. Après les inondations qui ont signalé les années 1707, 1709, 1710 et 1711, la municipalité d'Orléans se mit en rapport avec toutes les municipalités des villes du littoral de la Loire pour rechercher la cause de ces phénomènes se succédant avec une aussi funeste persévérauce. Les renseignements obtenus, elle présenta un mémoire au Roi, qui le renvoya au contrôleur général des finances. Le premier de ces documents est le mémoire présenté au Roi ; il est ainsi conçu :

« La plaine du Forez a douze lieues de longueur, et deux, trois, quatre et cinq de largeur. Elle est le dépôt de toutes les eaux de la Loire qui viennent depuis sa source, entre les montagnes, jusqu'à Saint-Rambert. Celles des montagnes du Forez, dont elle est entourée, y tombent pareillement ; et neuf rivières, entre lesquelles est le nommé Lignon, y affluent ; ces neuf rivières tirent leurs eaux des plus éloignées montagnes. Dans les grandes crues, cette plaine devient pour ainsi dire une mer. La nature avait pourvu à la conservation des pays situés depuis Roanne jusqu'à Nantes. Cette prodigieuse quantité d'eaux ramassées dans la plaine du Forez y était ci-devant retenue comme dans un étang, et n'en coulait que peu à peu et successivement entre les montagnes dans lesquelles passe la rivière de Loire, à l'extrémité de ladite plaine. Elle était resserrée entre ces montagnes, qui ont cinq à six lieues de longueur ;

elle ne coulait que difficilement entre les rochers qui servaient de digues et était retardée par plusieurs écluses ou retenues qui servaient à conduire l'eau aux moulins situés sur ce canal.

« Il passe présentement plus d'eau en vingt-quatre heures qu'il n'en passait en trois jours, en moins de temps et avec plus de rapidité.

« Il est à remarquer que les ouvrages faits pour la nouvelle navigation ont été finis en 1706, les fréquents débordements de la Loire ont commencé en 1707 et continué quatre fois consécutives jusqu'au mois de novembre dernier. Homme vivant n'avait jamais vu de pareils débordements avant 1707. Dans la plaine du Forez et dans les montagnes on a remarqué plusieurs fois des crues aussi considérables que celles survenues depuis l'année 1707, sans qu'au-dessous de Roanne jusqu'à Nantes elles aient fait les ravages qui se voient depuis trois ans.

« Depuis l'année 1707, la Loire, dans ses débordements, tombe dans l'Allier dans le temps même que cette rivière est le plus enflée. Avant l'année 1707, la crue de la Loire succédait à celle de l'Allier, et ne tombait au Bec-d'Allier que trois ou quatre jours après que les grandes eaux de cette rivière s'étaient écoulées.

« De tout ce que dessus il paraît évident que les ouvertures qu'on a faites dans les montagnes du Forez pour l'établissement d'une nouvelle navigation, *sont la cause* des fréquents débordements de la Loire depuis l'année 1707.

« On peut réparer ce mal, en faisant les digues qui ont été proposées sans interrompre ni détruire la nouvelle navigation qui a été faite. »

Enfin, si ces détails qui puisent un si pénible attrait aux coups qui nous ont atteints dans cette année 1856, n'ont pas lassé le lecteur, il ne trouvera peut-être pas indigne de son attention un tableau plus rapide encore des grandes catastrophes de cette nature qui aient marqué leur date dans l'histoire du monde.

Les contrées qui ont eu le plus à souffrir des inondations durant une période de 1480 ans, c'est-à-dire depuis l'année 404 environ jusqu'en 1855, période sur laquelle on a des renseignements précis qui manquent pour les autres, sont la Hollande, la Chine, l'Angleterre, l'Allemagne, la France, l'Italie et l'Espagne.

Les fleuves dont les ravages ont été le plus considérables, sont : la Tamise, en Angleterre ; le Danube, le Rhin, en Allemagne ; le Tibre, l'Arno, le Pô, en Italie ; le Guadalquivir et le Tage, en Espagne et en Portugal.

Les années les plus désastreuses ont été : 404, en Chine ; 573, en Angleterre ; 583, à Paris ; 649,738,761, en Italie ; 808, en Hollande ; 860,945, 1100, en Allemagne et en Angleterre ; 1195, en France ; à Paris, les eaux forcèrent Philippe-Auguste à abandonner son palais de la Cité, et à se réfugier à l'abbaye de Sainte-Geneviève ; 1230, en Hollande ; 1408, à Paris ; 1421, en Hollande ; 1427, 1493, en France ; 1521, 1530, 1532, en Hollande ; 1550, à Rome ; 1557, en Allemagne, en Angleterre, en Chine, en France, en Hollande et en Italie ; 1571, en Allemagne et en France ; à Lyon, la Guillottière fut submergée par le Rhône ; en 1578, en Allemagne, en France, en Hollande ; 1607, en Angleterre ; 1608, en France ; la Loire surtout causa d'épouvantables dégâts ; 1626, Séville éprouva des désastres terribles ; 1634, en Chine et en Hollande ; dans ce dernier pays, on a eu à déplorer la perte de plus de 7,000 personnes et de plus de 50,000 animaux domestiques..

La Hollande a d'ailleurs été de tout temps la contrée la plus éprouvée, tant par le débordement de ses cours d'eau que par les envahissements de la mer. C'est encore elle qui souffrit des inondations de 1641 ; 1647, en Hollande et en France ; à Paris, on circulait en bateau dans les rues du Coq et du Mouton ; 1651, en France ; 1658, 1671, en Hollande ; 1702, en Italie et surtout à Rome ; 1707 à 1721, en Angleterre ; 1709, en France ; 1722, au Chili et dans le Holstein ; 1726, en France ; 1762, en Allemagne, en France, en Italie ; 1771, en Italie, à Naples et à Venise ; 1773, aux Indes-Orientales ; 1782, en Angleterre, en France et en Hollande ; 1787, en Navarre et en Irlande ; 1789, en Angleterre, en Italie, à Plaisance ; 1791, 1792, en Angleterre.

Le XVIIIe siècle a débuté par une année calamiteuse :

1800, en Allemagne, 24 villages furent détruits aux environs de Presbourg ; en Chine, à Saint-Domingue, en France et en Hollande ; 1808, en France et en Hollande ; 1812, la Tamise à Londres ; la même année, un corps de 2,000 Turcs, stationné sur une des îles du Danube, fut emporté par les eaux de ce fleuve ; 1816, en Hollande et en Irlande ; 1818, à la Louisiane et au Bengale.

Des inondations moins cruelles ont signalé les années suivantes : la France, en 1834, a été ravagée sur tous les points par la crue de la plupart de ses fleuves et de leurs affluents ; en 1836, la Seine a également débordé deux fois, et dépassé un niveau de sept mètres au-dessus des plus basses eaux.

Depuis, la France a eu à souffrir des inondations de la Loire, en

1844 et 1846, puis du Rhône et du Rhin, et enfin de la Garonne, du Cher et de la Seine, en 1855.

XVIII

APRÈS LES INONDATIONS

La science devant les inondations. — Les affouillements des terrains ; les ensablements. — Les systèmes de préservation. — Le reboisement. — L'endiguement. Encore quelques épisodes et quelques phénomènes. — Conclusion.

Les eaux, en se retirant, ont mis à découvert plus de ruines encore qu'on ne s'y attendait, et partout il faut démolir ou étayer les maisons dont la solidité a été irrévocablement compromise. On commence à relever les constructions détruites et à réparer celles qui ont été endommagées. De loin en loin, on retire des décombres ou des flaques d'eau qui existent encore çà et là les cadavres de quelques infortunés.

Il parvient chaque jour de nouveaux détails au gouvernement sur les pertes causées par l'inondation et sur le nombre des victimes du fléau. L'étendue du mal est immense. Le nombre des personnes qui ont péri au milieu de cette catastrophe, dit le *Journal de Rouen*, s'élève déjà à un chiffre effrayant.

L'ensemble des renseignements, ajoute le *Journal du Havre*, donne aux calamités qui viennent de frapper plusieurs départements une portée presque incalculable. Dans certaines contrées, on redoute que la vase laissée par les débordements et où se trouvent enfouis des détritus d'animaux et tant de débris d'habitations, n'engendre des miasmes funestes à la santé publique.

Les populations de beaucoup des campagnes dévastées, l'esprit frappé par la grandeur des désastres, accueillent les bruits les plus absurdes. Sur les bords de la Loire, par exemple, les uns, d'après on ne sait quelles lois, fondées sur des observations impossibles, prétendent que les crues, si fréquentes depuis quelque temps, doivent se renouveler cette année tous les mois ; d'autres affirment que la crue si terrible que nous venons d'éprouver n'est que le prélude d'une inondation beaucoup plus désastreuse qui doit venir au mois d'octobre prochain.

De tels pronostics, quelque stupides qu'ils soient, peuvent avoir pour effet de jeter l'hésitation, l'inquiétude et le découragement

PARIS. — Typographie LACOUR, rue Soufflot, 18.

dans les esprits crédules qui ont si grand besoin de confiance, de bon vouloir et de résolution.

Sans doute les esprits les plus éclairés s'épouvantent quelquefois à la vue de ces sinistres qui frappent tout un peuple, au milieu des enivrements de la civilisation, à des époques si rapprochées qu'on pourrait presque désigner chaque année d'une période de son histoire par le nom d'un de ces fléaux du genre humain, et dire : *l'an-*

Le docteur Cazeaux sauve d'une mort certaine quinze infortunés.

née de la révolution, l'année du choléra, l'année de la grêle, l'année de la guerre, l'année de l'inondation... Mais si l'homme ne peut assigner de causes physiques à la plupart de ces terribles phénomènes dont Dieu seul a le véritable secret, par la même raison ne saurait-il en prévoir le retour.

Que les hommes éclairés s'efforcent donc de persuader à ceux qui n'ont pas les lumières de l'instruction, qu'il n'est donné à personne de prédire de semblables malheurs, et que la science la plus profonde ne saurait conduire à ce résultat.

Mais que l'on se garde aussi de la demi-science, c'est-à-dire des utopies paradoxales de certains faiseurs de systèmes, qui comme certain journaliste de la Manche, ne pouvant plus attribuer les pluies qui ont déterminé les débordements, au canon de la Crimée, les attribue sérieusement au son des cloches qui ont célébré la paix !

Dans as seconde séance de juin, l'Académie des sciences a été saisie d'une autre idée, par M. Fabre, qui prétend établir une relation entre les inondations en France et le *siroco* d'Afrique.

M. Fabre pense que le siroco, ce vent si sec en Afrique, et qui rend visible la fine poussière dont il est chargé, enlève, en traversant la mer, une quantité considérable de vapeur, arrive avec cette vapeur, pénétrée de la chaleur qu'il a partagée avec elle, jusqu'à nos montagnes du Centre, de l'Est et du Midi ; et là donne lieu à d'immenses effluves, soit par l'eau qu'il abandonne en se refroidissant, soit par la fusion de neige qu'il provoque. Aussi, ce météore lui paraît-il être surtout redoutable à l'entrée et à l'issue de l'hiver, quand il rencontre sur les Alpes, les Cévennes et les Pyrénées, des neiges molles dont il entraîne de grandes quantités à la fois. Il est moins à craindre en plein été, quand la température de nos contrées du Nord s'est élevée et que la saison a fait écouler les neiges qui ne sont pas éternelles.

M. Fabre fait remarquer que si nous sommes loin encore des possibilités pratiques d'atteindre le fléau à son origine, que l'on peut du moins les entrevoir, et la science doit entreprendre dès à présent l'étude des redoutables phénomènes qui font l'objet de sa communication à l'Académie, étude qui sera puissamment aidée par les correspondances électriques qui vont s'établir avec les contrées où le siroco prend naissance.

Nous voulons et nous devons chercher des causes plus immédiates, et auxquelles la Providence ait permis à l'homme, sinon de prévenir d'une manière absolue le retour, du moins de conjurer d'une façon normale les effets répétés.

Il y a longtemps qu'un écrivain obscur a émis l'opinion que le déboisement des montagnes devait avoir pour résultat de changer les cours d'eau en torrents dévastateurs, et de rendre leurs rives impraticables.

Ce n'était point un prophète, mais un observateur qui donnait pour exemple le Tibet, l'Algérie, l'Arabie, l'Italie, le midi de la

France et tous les pays dont les montagnes ont été découronnées de leurs forêts, soit par l'incendie soit par la spéculation. « L'homme, disait-il, au congrès scientifique de Douai, est l'artisan de sa misère; dès qu'il a brûlé ou abattu ses forêts, il a détruit ses abris naturels, et reste exposé à toutes les intempéries; son pays devient inhabitable; les pluies, la fonte subite des neiges donnent lieu à des avalanches qui entraînent le terreau végétal des coteaux dans les rivières, qui charrient tumultueusement à la mer ce que le pays a de plus précieux, la réserve des siècles, l'humus et les engrais, si lentement formés par la décomposition des végétaux; ses rivières cessent d'être navigables pendant l'hiver et sont à sec pendant l'été.

« Plus de sources permanentes au pied des vertes collines, plus de tranquilles et frais ruisseaux bordés de saules et de viormes; tout cela est déraciné, emporté à la suite de quelques jours de pluie ou du premier coup de soleil dardant à nu sur les coteaux couverts des neiges de l'hiver. »

Pour cela, disent les imprévoyants, qui ne comprennent pas que les bois, les forêts ont été placés sur les cîmes comme autant d'éponges pour recevoir et conserver pendant un certain temps, dans leurs mousses et leurs feuilles, l'eau des averses et la neige, afin de ne la distribuer ensuite que par légers filets, et pour ainsi dire goutte à goutte, après que l'encombrement des cours d'eau a cessé d'être à craindre; c'est un simple retard qu'il faut apporter à cet écoulement, et les forêts remplissent à merveille cette importante fonction; car plus d'un mois après la fonte des neiges en plaine, les forêts en sont encore remplies. Reboisez donc les cîmes, s'écrie M. Jobard, en homme pratique et positif, et que les chaumonts perdent leurs noms.

C'est encore le même écrivain qui, dans une série de réflexions très saillantes, publiées par la *Gazette de France*, disait :

« Nous ne pensons pas à proposer de surélever les digues des fleuves ni de les encaisser plus étroitement, car il n'est que trop vrai que le lit des rivières endiguées s'élève dans les mêmes proportions et quelquefois jusqu'à dépasser le niveau des plaines environnantes; de sorte que si on enlevait les digues latérales, le lit de certains fleuves serait une digue et une chaussée lui-même : la Meuse et l'Arno en offrent des exemples, aux approches de leurs embouchures surtout.

Cela prouve que la nature cherche toujours à reprendre ses droits et ne cesse de les revendiquer, doucement d'abord, ensuite avec violence; elle réclame aujourd'hui plus impérieusement que jamais le reboisement des montagnes et des coteaux, que la spéculation a par trop dénudés depuis la révolution de 89, qui a poussé la division de la propriété à l'extrême par la vente des bois domaniaux, de ceux des couvents et des nobles.

L'Espagne suit la même voie que la France, et ses fleuves, nous disait M. Mauguin, semblent rouler aujourd'hui des flots d'huile végétale à la mer.

L'Angleterre seule s'est épargné les cataclysmes périodiques et croissants qui rendent un pays déboisé innavigable et inhabitable. Si elle n'a pas de grandes forêts, elle a du moins beaucoup d'arbres et de grandes herbes sur toutes les collines.

Nous sommes persuadé qu'une loi qui interdirait le déracinement des forêts restantes et ordonnerait le reboisement pour cause de salubrité, de sécurité et d'utilité publique, de tous les sommets tondus et peu productifs d'ailleurs de la France, arrêterait pour jamais les déplorables désastres qui se renouvellent en s'amplifiant à des périodes éloignées d'abord, mais qui se rapprochent de plus en plus. Si les millions que l'on va distribuer avaient été appliqués en primes pour le reboisement, ils auraient arrêté définitivement le fléau des inondations.

Il n'est pas besoin de hautes futaies séculaires pour empêcher le le mal; des taillis, des buissons, des genêts même de cinq à six ans suffisent pour retenir les eaux et les neiges, car il ne faut que leur créer un léger retard pour échapper à ces subites lavasses qui causent tout le mal. Les habitants des bords de la Verdre et ceux de Bruxelles savent fort bien qu'ils ne souffrent des inondations que depuis certains déboisements effectués sur les hauteurs d'Amont. Ceux de la vallée du Rhône commencent à soupçonner que si leur beau fleuve devient de plus en plus impraticable et tourne au torrent, cela provient du découronnement des cîmes nombreuses qui déversent les eaux dans son bassin à partir du lac de Genève. »

Ces considérations sont trop d'accord avec celles que n'ont cessé de faire valoir, depuis un demi-siècle, tant d'autres observateurs éminents, pour qu'il puisse leur être rien objecté de plausible, sauf erreur pour celle où leur auteur, pénétré de la bonté de sa cause, fait complétement bon marché des endiguements. La science et la statistique prouvent que ceux-ci doivent, au contraire, être poursuivis par un effort parallèle au regazonnement et au reboisement des coteaux et des montagnes, et que c'est surtout l'appui que se prêteront ces deux grands systèmes qui rendra la sécurité à tant de contrées aujourd'hui plongées pour plusieurs années dans la désolation.

Les eaux sont, en effet, partout rentrées dans leur lit, mais les affouillements de leur dernière crûe occasionnent des éboulements considérables. Nous en avons déjà entretenu nos lecteurs. Ce ne sont pas seulement des maisons, mais des montagnes qui s'affaissent, des villages qui disparaissent et dans des régions les plus opposées, qui semblaient, par leur position, à l'abri de tels désastres.

Un des phénomènes les plus affligeants qu'ait présenté l'inondation, est sans contredit celui qui a eu lieu dans la Lozère, à quelques lieues de Marvéjols. Une montagne à base argileuse et détrempée par les eaux s'est inclinée et a été emportée comme une avalanche en détruisant tout sur son funeste passage. Un village a été englouti, les champs environnants et la route nationale ont été totalement détruits.

Un éboulement considérable a eu lieu dimanche dernier, à la pointe du jour, à Biarrits, sur la falaise de la côte des Basques, entre les maisons Parandiet et Blanchard. Le chemin qui longeait la crête de la falaise n'existe plus, et l'éboulement des terres s'est étendu même assez profondément dans la prairie murée qui longeait ce chemin.

Le 16 juin au matin, une maison de trois étages s'écroulait à Lyon avec un grand fracas, à l'angle de la rue Charlemagne et de l'avenue Duquesne. On travaillait à la reprendre en sous-œuvre et à réparer les dommages que lui avait causés l'inondation. Les maçons, ayant vu le danger imminent, ont pu s'enfuir. Une femme âgée, et qui était au lit, a roulé du premier étage dans les décombres et a été miraculeusement préservée par les bois de la charpente qui se sont enlacés autour d'elle. On est accouru à ses cris et on l'a transportée dans une maison du voisinage, où elle a reçu des soins empressés. Elle était couverte de contusions.

La moitié méridionale du bâtiment étant restée debout, les femmes qui s'y trouvaient, au premier, ont été sauvées par les fenêtres. Le deuxième était vide. Au troisième, qui est en retrait sur le toit, se trouvait un vieillard paralytique. On a eu beaucoup de peine à l'enlever et à le descendre sur le toit de la maison voisine, et ensuite sur le sol, à dos d'hommes et au moyen d'échelles. Un seul locataire a été tiré des décombres grièvement blessé, et transporté en voiture à l'hospice. Les mobiliers avec les métiers qui en faisaient partie sont gravement détériorés.

Les secours ont été organisés avec promptitude. Plusieurs de ceux qui les ont portés avaient fait leurs preuves et acquis de l'expérience pendant les dernières inondations. Des voitures ont été requises pour le transport des blessés, et ont été heureusement inutiles. Cette scène de désolation a causé un grand émoi dans le quartier.

Au gros Ormeau, commune de Noizay (Indre-et-Loire), vingt-sept corps de bâtiments, maisons, granges et écuries se sont écroulés depuis l'inondation du 4 juin. On ne pouvait même, dix jours après, estimer les pertes des différents propriétaires, parce qu'une partie des décombres était encore sous l'eau. Les brèches faites à la levée en amont de Vouvray alimentaient les courants. A l'approche du danger, tous les habitants avaient quitté leurs demeures et s'é-taient réfugiés sur les coteaux de Noizay. Tant que les brèches n'au-ront pas été bouchées, les maisons qui restent debout seront inha-bitables, un courant s'étant établi dans toute la longueur du village.

Depuis la station de Vouvray jusqu'à Amboise, la levée n'a pas été rompue, et les habitants y ont trouvé un refuge.

A la Frillière, sur les communes de Vouvray et de Vernon, qua-torze bâtiments de toute espèce ont été renversés. Le fléau n'y a pas fait non plus de victimes, mais, une grande quantité de fourrage et d'avoine a été perdue, notamment chez le sieur Denis, marchand blâtier.

De la station de Vouvray jusqu'au village des Patys, commune de Rochecorbon, des brèches profondes ont interrompu la levée. Les tuileries de Vouvray ont été presque entièrement détruites, tous les hangars ont été enlevés et les maisons d'habitation très endomma-gées. On remarquait au pied de leurs murs des affouillements con-sidérables.

On a rapporté qu'il y avait à Jargeau des maisons écroulées. Ecrou-lées ne dit pas assez ; c'est emportées, broyées, fouillées avec rage, dispersées au loin qu'il faut dire. Elles ont été rasées d'un bloc par la colère de l'eau et balayées dans la campagne en milliers de dé-bris ! Un tremblement de terre n'aurait pas amoncelé tant de ruines ni surtout bouleversé le sol avec cette horreur : des champs de blé sont changés en champs de pierre; toute une vaste et fertile plaine, hier couverte de blés magnifiques et de récoltes, n'est plus qu'un Sahara de sable !

La vallée Saint-Georges-sur-Loire a été le théâtre d'un malheur affreux. Quelques jours avant la rupture des levées de Savennières, tous les bestiaux des vallées de Saint-Georges, de Saint-Germain et des autres communes menacées d'une prochaine irruption des eaux avaient été conduits par leurs propriétaires dans les fermes et les habitations situées sur la hauteur. Depuis lors, c'est avec le foin de leurs greniers que ces cultivateurs nourrissaient leurs bêtes à cornes, et ils allaient, plusieurs fois par jour, chercher avec des bateaux les approvisionnements nécessaires.

Le mercredi soir, vers cinq heures, le nommé Leconte partit avec sa femme et deux de ses enfants, tous les deux jumeaux et âgés de 8 à 9 ans, afin d'aller prendre chez lui les rations de ses vaches pour la nuit et le lendemain. Au retour de son excursion, il devait passer en face de la brèche qui s'est produite dans les levées de Savennières, à quelques mètres en aval du pont de Chalonnes. Soit que Leconte n'eût pas tenu son embarcation à distance suffisante du torrent qui se précipitait par la brèche, soit que le bateau, trop chargé de fourrages, ait refusé d'obéir au gouvernail, il fut entraîné par le courant avec la rapidité de la foudre et vint donner de tout son poids contre une tête d'arbre recouverte à peine d'un ou deux pouces d'eau. Le choc fut si violent que le bateau chavira du coup, et le père, la mère et les deux enfants furent lancés par-dessus le bord. La femme ne reparut même pas un instant. Les deux enfants se soutinrent quelques secondes, en sorte que Leconte, qui savait un peu nager, eut le temps de les saisir dans ses bras.

Chargé de ce double fardeau, il luttait avec désespoir contre les vagues, et poussait des cris qui glaçaient d'épouvante les spectateurs de cette horrible scène. Il n'y avait aux environs aucun bateau, pas un seul moyen de sauvetage. Les forces de Leconte s'épuisèrent, ses bras s'ouvrirent et les deux pauvres petits enfants furent emportés comme leur mère et ne reparurent plus. Leconte se débattit encore assez longtemps, et le flot le poussa contre un arbre dont il saisit convulsivement une des branches. Au bout de trois quarts d'heure seulement une barque vint le recueillir. Il n'avait plus de forces, et on le hissa presque évanoui dans le bateau. Transporté dans la maison la plus voisine, Leconte fut pris d'une fièvre violente et le médecin qui vint le visiter désespéra de sa vie.

Ces faits rentrent plus étroitement qu'ils ne le paraissent peut-être au premier abord dans l'ordre d'idées où nous sommes entré au commencement de ce chapitre. Ils ne prouvent pas seulement et d'une manière surabondante la gravité de cette crise, qui n'est que trop démontrée, mais surtout les conséquences des éboulements du sol causés par l'invasion des eaux, et les malheurs résultant de l'insuffisance des digues.

Nous n'avons garde de prétendre exposer ni discuter ici les projets et les plans d'endiguements qui se sont produits dans ces derniers temps en quantité presqu'innombrable, mais en voici un, dû à M. de Montravel et qui nous a paru d'une clarté d'exposition et d'une sagesse d'études assez remarquables pour trouver place ici.

Il s'agit d'un nouveau système de chaussées ou de digues transversales à substituer à celui qui consiste à élever parallèlement au fleuve des amas de graviers plus ou moins épais, flanqués du côté de l'eau à la base d'un enrochement, c'est-à-dire de gros quartiers de roches destinés à empêcher l'affouillement, surmontés toujours du côté de l'eau d'un revêtement de pierres, taillées, *brochées* ou simplement équarries, cimentées ou non et couronnées au sommet d'un superbe entablement.

Un fleuve ainsi endigué entre deux parallèles de gravier et de meollon ne peut s'écarter à droite ou à gauche, dira-t-on ; c'est vrai ; mais lorsqu'il survient une crûe, le niveau de l'eau s'élève nécessairement entre ces deux murs, et, s'il atteint le sommet des parallèles, on comprend sans explication ce qui en résulte. Mais admettons l'*insubmersibilité* des digues, et supposons seulement que les eaux s'élèvent un mètre au-dessus de leur niveau ; comme on ne peut soutenir que les moellons et le gravier sont imperméables, que, resserrée entre deux obstacles de cette nature la pression de l'eau ne soit énorme, la filtration considérable, alors qu'arrivera-t-il ? C'est que cette masse de gravier, détrempée, amollie, désagrégée, aurait-elle deux fois, dix fois l'épaisseur qu'on lui donne, ne peut ni résister, ni empêcher l'irruption du fleuve dans les terres dont le niveau se trouve plus bas que le lit du fleuve.

Le nouveau système exonère du premier coup les propriétaires riverains des enrochements, en supprimant la construction et l'entretien des parallèles ; il laisse aux affluents le chemin libre pour se déverser dans les grands courants ; il débarrasse les plaines des eaux pluviales et des miasmes engendrés par leur stagnation ; il laisse au fleuve la possibilité de s'étendre sur les terrains bas et de les exhausser par les délaissements d'alluvion ; il élève ainsi par les dépôts d'alluvion les deux rives du fleuve et le force à creuser son lit ; il le débarrasse de ses entraves et le maintient cependant toujours dans le même lit. Bientôt on arrive à l'empêcher d'envahir les terres qui, à chaque inondation, s'exhaussent davantage, se trouveront en définitive au-dessus des crûes ordinaires.

Que s'agit-il de faire pour atteindre ce résultat ? Élever des chaussées insubmersibles, traversant la plaine, allant directement d'un point insubmersible, et ne pouvant être tournées, au lit du fleuve. Il s'agit d'élever de chaque côté du fleuve une chaussée semblable, de les multiplier, de les espacer tous les deux ou trois mille mètres ; de faire à chacune, du côté du fleuve, une forte tête en maçonnerie assise sur le rocher, sur pilotis ou sur béton, et construire tout le reste de la chaussée tout simplement en gravier, ou en terre revêtue par devant d'un solide pavé en talus, et, par derrière, d'un gazon ; donner à ces chaussées une épaisseur convenable, proportionnée à leur hauteur, et surtout les élever au-dessus du niveau connu des plus fortes crûes.

Ces ouvrages ne peuvent être renversés ou entamés s'ils sont insubmersibles et si leur tête est bien solidement construite. Y aurait-il par devant une pression de quatre et cinq mètres de hauteur d'eau, comme il y en aura une aussi venant de derrière par le remous du fleuve, ces deux pressions s'équilibrent, se neutralisent, et le fleuve, ainsi arrêté, au lieu de creuser et de former un courant dans les terres, prend un niveau uniforme, tranquille, dormant, et dépose en avant et en arrière des chaussées d'énormes masses d'alluvion.

« Voilà, dit M. Montravel, le système dans toute sa simplicité, voilà ce que nous avons appris à opposer aux torrents qui bordent nos propriétés et, par ce mode facile à réaliser partout, nous avons trouvé à gagner et surtout à préserver des terrains jadis ravagés et perdus. Par ce système, nous avons vu se couvrir de terre végétale des bancs de sable et de rochers qui, à chaque inondation, se bonifiaient par une couche d'alluvion et s'élevaient au-dessus du lit de la rivière. »

Il est encore un troisième et puissant objet, qui ne saurait être mis en oubli, après le reboisement et l'endiguement, c'est l'entretien et le curage des cours d'eau.

CONCLUSION.

A l'heure où nous terminons ce tableau bien affaibli de tant de douleurs et de misères, le beau temps a reparu, les fleuves irrités rentrent dans leur lit, la campagne, aux alentours des rayons dévastés, apparaît splendide et pleine de promesse des fécondité.

Mais nous ne devons pas oublier ceux qui viennent d'être si rudement éprouvés. Les convulsions de la nature et des éléments, a dit à ce sujet un écrivain véritablement philanthrope, sont effrayantes ; elles anéantissent pour ainsi dire les facultés de l'esprit ; ce n'est

19

rien, toutefois, en face des douleurs, des misères, des souffrances indicibles dont elles couvrent un pays, et qui brisent les ressorts de l'âme la plus forte et du cœur le plus aguerri.

C'est l'heure où il faut songer à consoler ceux qui souffrent, et à rassurer ceux qui pourraient craindre le retour de ces grandes calamités.

FIN.

PARIS. — Impr. LACOUR et C⁰, rue Souflot. 16.

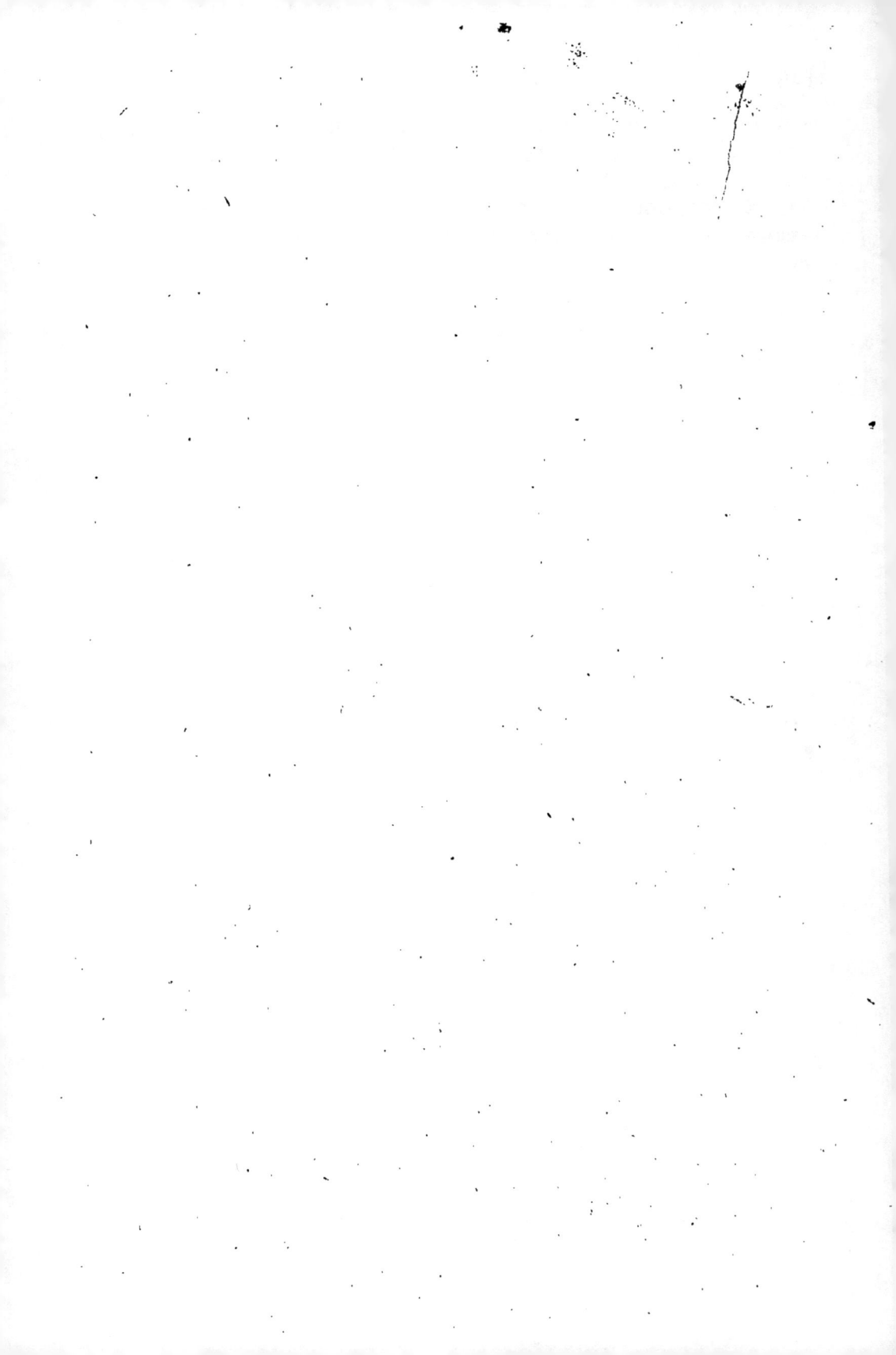

www.ingramcontent.com/pod-product-compliance
Lightning Source LLC
Chambersburg PA
CBHW072112090426
42739CB00012B/2933